勘定奉行クラウド

導入・運用ガイドブック

株式会社TMSエデュケーション

奉行クラウド出版

はじめに

　クラウド会計について、どのような認識をお持ちですか？

　いままで会計ソフトを利用されてきた方は、Windows PC にインストールして使っていたものが、インターネットで利用できるようになった「だけ」と思われているかもしれません。あるいは、パッケージソフトウェアなら購入時に代金として支払っていたものが、月額や年額のサービス利用料になる「支払い方法の変化」と認識しているかもしれません。

　違います。

　その昔、手書きで伝票を起票し、そろばんや加算器で集計計算を行い、さらに何度も何度も検算をしていた会計という業務が、コンピュータを利用できるように変わった時代は、利用者にとって革命的な変化が起ったことであろうことは、誰でも想像できるでしょう。さらに、パソコン会計からクラウド会計に変わるこの時代も、それと同等か、もしかしたらそれ以上の革命的な変化を利用者のみならず社会全体にもたらすことになる「大革命」がいま、まさに始まろうとしているのです。

　すでにインターネット上にあらゆる情報が存在していることは、ご存知のことでしょう。これらデータと会計や給与、販売管理などの会社のデータが結び付き、さらにパソコンのみならずスマートフォンやあらゆる情報機器と接続されていくのです。

　金融機関と連携する Fintech 時代はもう始まっています。金融機関だけでなく、税務署や公共サービス、取引先、さらにはマーケティングデータとも連携していくのが、クラウドサービスであり、オービックビジネスコンサルタントの奉行シリーズもまさにそのクラウド化が始まっています。

　中小企業の会計業務のクラウド化は、ここからスタートします！

株式会社 TMS エデュケーション
代表取締役社長　吉田直幸

CONTENTS

はじめに ……………………………………………………………………………… 003

Part1 クラウド会計の特徴　　　007

Chapter 1　なぜ今クラウド会計？ …………………………………………… 008
Chapter 2　バックオフィス業務プラットフォーム「奉行クラウド」登場 …… 010
Chapter 3　勘定奉行クラウドで会計業務がこんなに良くなる！ ………… 013

Part2 導入準備　　　021

Chapter 1　導入に必要な情報と準備 ………………………………………… 022
Chapter 2　インストールとアンインストール ……………………………… 026
Chapter 3　メイン画面の構成 ………………………………………………… 028

Part3 【導入時】基本データの登録　　　037

Chapter 1　基本データの登録 ………………………………………………… 038
Chapter 2　法人情報を確認・変更する ……………………………………… 041
Chapter 3　経理業務全般の設定を行う ……………………………………… 044
Chapter 4　勘定科目を登録する ……………………………………………… 050
Chapter 5　補助科目を登録する ……………………………………………… 057
Chapter 6　科目体系を登録する ……………………………………………… 059
Chapter 7　消費税申告に必要な設定を行う ………………………………… 061
Chapter 8　部門・部門グループを登録する ………………………………… 064
Chapter 9　取引先を登録する ………………………………………………… 069
Chapter10　取引銀行の口座を設定する ……………………………………… 071
Chapter11　摘要の情報を登録する …………………………………………… 075
Chapter12　開始残高を登録する ……………………………………………… 077
Chapter13　導入前実績金額を登録する ……………………………………… 081

Part4 【日々の業務】仕訳伝票の起票　　085

Chapter 1 ＜前提知識＞仕訳伝票の入力について ……………… 086
Chapter 2 仕訳伝票入力 ……………………………………………… 088
Chapter 3 予約仕訳伝票入力 ………………………………………… 104
Chapter 4 領収書入力 ………………………………………………… 110
Chapter 5 銀行入出金明細入力 ……………………………………… 113
Chapter 6 仕訳伝票データ受入 ……………………………………… 120
Chapter 7 帳簿入力 …………………………………………………… 125
Chapter 8 取引入力補助 ……………………………………………… 128

Part5 会計帳票　　131

Chapter 1 会計帳票の基礎知識 ……………………………………… 132
Chapter 2 仕訳帳 ……………………………………………………… 136
Chapter 3 元帳 ………………………………………………………… 138
Chapter 4 合計残高試算表 …………………………………………… 142
Chapter 5 勘定科目内訳表 …………………………………………… 147
Chapter 6 集計表 ……………………………………………………… 149

Part6 消費税申告　　153

Chapter 1 消費税申告の基礎知識 …………………………………… 154
Chapter 2 消費税申告書 ……………………………………………… 158
Chapter 3 消費税に関する管理資料 ………………………………… 163

Part7 決算処理　　171

Chapter 1 決算処理の基礎知識 ……………………………………… 172
Chapter 2 決算時の整理仕訳を入力する …………………………… 174
Chapter 3 決算報告書を作成する …………………………………… 176
Chapter 4 決算報告書のレイアウトを整える ……………………… 180
Chapter 5 新年度の処理を開始する ………………………………… 185

索引 …………………………………………………………………………… 189

※ Microsoft、Windows、Excel、Word 及び Microsoft Azure、Internet Explorer は、米国 Microsoft Corporation の米国及びその他の国における登録商標または商標です。
※ OBC、奉行、奉行シリーズは、株式会社オービックビジネスコンサルタントの登録商標または商標です。
※ その他、記載されている会社名、製品名は、各社の登録商標または商標です。
※ 本書は 2018 年 10 月 5 日現在最新版の、勘定奉行クラウド Ver181005 をもとに制作されています。予告なく本書に記載されている機能等が変更になる可能性がありますので、ご了承ください。

Part 1
クラウド会計の特徴

Chapter 1　なぜ今クラウド会計？
Chapter 2　バックオフィス業務プラットフォーム
　　　　　　「奉行クラウド」登場
Chapter 3　勘定奉行クラウドで
　　　　　　会計業務がこんなに良くなる！

Part 1 クラウド会計の特徴

なぜ今クラウド会計？

会計ソフトがクラウドになるとは、どういうことでしょう？

クラウド会計時代到来

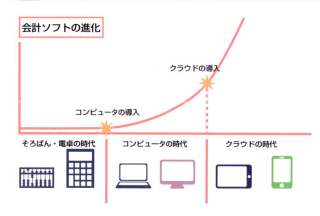

かつてはそろばんや電卓を使っていた会計業務にコンピュータが利用され、パソコン会計の時代が到来。会計業務は劇的に変わりました。それと同じくらい、いやもしかしたらそれ以上の革命的な変化をもたらすのが、クラウド会計なのです。

クラウド会計ソフトとは、今までパッケージソフトで行っていた会計処理を、インターネットのクラウド上で処理する仕組み・サービスをいいます。

双方向化がもたらす簡便化

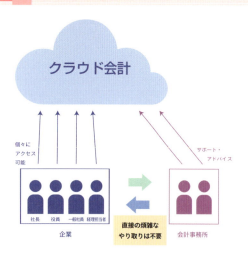

クラウド会計では、複数のユーザーが同時に入出力することが可能になり、リアルタイムで最新のデータに更新されます。経理担当者以外の社員から経理データが更新されることも、簡単に行われるようになります。

また、クラウド上の一つのデータベースを、企業と会計事務所の双方が利用することが可能です。クラウド会計ソフトに保存した仕訳伝票や元帳に、税理士からアドバイスを受ける事もできます。

「クラウド」によるさまざまなコストダウン

保守管理の簡易化とコストダウン

企業内に蓄積した情報を守るために、セキュリティシステムを社内に導入したり、自社でサーバーを持ってそこにシステムを組んでいこうとすると、莫大な予算がかかります。クラウド化はそれを安価にするだけでなく、セキュリティに関しても、より安全で堅牢なシステムを使う事が可能になります。それはクラウドサービスを提供している開発会社が担保してくれるからです。

選択できるサービス

クラウドサービスでは、ユーザーが必要なサービスだけを選択することが可能です。従来の会計ソフトのように、すべての機能に余計なコストを支払う必要はありません。ユーザーが必要なサービスだけを選択して利用料を支払うため、コストが平準化しやすいという効果が期待されます。

APIでつながるビジネス

クラウドサービスでは、API（Application Programming Interface）を利用して外部サービスと連携することができます。APIはデータ連携を行う企業が用意したプログラムのことで、例えば、銀行がAPIを公開することで、電子決済代行業者などが、利用者の了解を得た銀行の入出金データを取得し、自動連携できるサービスを提供できることになります。

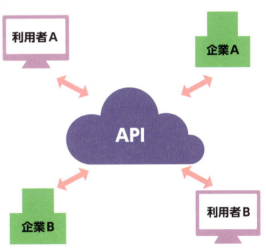

金融機関との連携

金融機関のAPIと連動すると、入出金データに基づいて仕訳の起票が自動化され、キャッシュの流れを追いかける事が可能となり、起票の手間も軽減されるという効果が期待されます。そして、買掛金や未払金の情報から、支払処理も行うことができるようになります。
さらに将来的には、資金調達時の調査などがこれまでよりスムーズになる可能性があります。企業の財務状況などがこれまでより短期間で判断されるようになれば、資金調達を検討する中小企業の経営者は助かるケースもあるでしょう。

ビッグデータ分析システムとの連携

クラウドに蓄積されたデータをAIが分析することは極端に難しい事例ではありません。AIを提供するAPIとクラウドシステムが連携することで、企業のビッグデータからの分析処理を自動化する事ができるのです。

Part 1 クラウド会計の特徴

Chapter 2 バックオフィス業務プラットフォーム「奉行クラウド」登場

OBCの「奉行クラウド」は、累計56万社導入の奉行シリーズのSaaSモデルとして発売されました。幅広い業務への対応はもちろん、会計士・税理士といった専門家や金融機関、現在利用しているシステムやソリューション等、様々な業務とつながることで、安心かつ生産性の高い業務を可能とします。まずは「奉行クラウド」の特徴を見ていきましょう。

「奉行クラウド」の5つの特徴

<特徴1>
▶ 世界トップレベル安心のセキュリティ
…信頼性の高い「Microsoft Azure」でユーザーの大切なデータを守ります

世界トップレベルのセキュリティを誇るマイクロソフト社の「Microsoft Azure」を採用し、安心で生産性の高い業務を実現する統合業務プラットフォームとして、奉行クラウドは開発されました。それぞれのユーザーのデータは、他のユーザーのデータとは隔離された状態で安全に保管されます。また、あらゆる通信はSSLで保護され、通信経路上には、ファイアウォールおよびWebアプリケーション固有のリスクへの対応として、WAF（Web Application Firewall）を設置しています。さらに、24時間365日の運用監視に加え、定期的な脆弱診断を実施し、万全の対策を継続しています。

<特徴2>
▶ 圧倒的な操作性とスピード
…従来の業務を実現しつつクラウドのメリットを最大限に活用できます

「奉行クラウド」は、OBCが30年以上、奉行シリーズで培った経験に基づき、操作性・使いやすさを追求して作られています。従来の奉行シリーズと同等の操作性を実現しているので、初めてのクラウドでも戸惑うことなく業務を行うことができます。その上でさらに、自動化や学習機能など、クラウドならではの機能も搭載し、より生産性を高めるサービスの提供を実現しています。

また、高速処理を実現する「Azure SQL Database（Premium）」と、操作性と運用性を飛躍的に高める「WPF[※]」の採用により、操作性と使いやすさを高めるだけでなく、クラウドとは思えないスピードを実現しています。

※ Windows Presentation Foundation

Chapter 2 「奉行クラウド」登場

＜特徴3＞
つながり、ひろがるクラウドで生産性を向上
…データの共有や連携を行うことで今まで必要だった業務が不要に！

「人」や「業務」とつながることで、今までの業務の生産性は飛躍的に向上します。「奉行クラウド」はインターネットがあればいつでもどこでも操作が可能です。

●いつでもどこでも使える

クラウドサービスなので、オフィスはもちろん外出先や自宅など、時間・場所に左右されることなく利用することができます。例えば、経営者の方が出張先で経営状況を把握したいといった場合でも、帰社することなくその場で確認が可能です。また、業務担当者の在宅勤務などもできるようになります。

●専門家とデータを共有できる「専門家ライセンス」

会計データを税理士に確認してもらうために、バックアップデータを都度税理士に渡したり、会計帳票をFAXやメールで送って何度もやりとりするのに手間がかかるということはよくあります。

「奉行クラウド」の各製品では、顧問の税理士などの専門家に提供できる「専門家ライセンス」が1ライセンス無償で付属しています。税理士に付属しているライセンスを提供することで税理士なども「奉行クラウド」を利用できるようになり、ユーザーのデータをすぐに共有できるので、今までのような税理士とのメール等での会計情報のやりとりは不要となります。

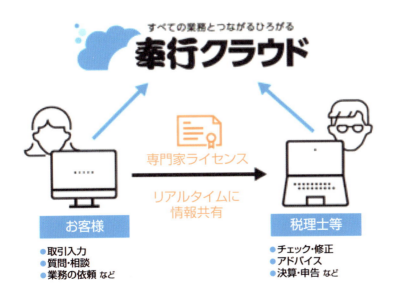

Part 1 クラウド会計の特徴

● **APIで様々なシステムやデータとつながり、効率化の範囲が拡大**

APIの提供により、様々なアプリケーションやデータと連携することで、業務の自動化など生産性の高い業務が可能となります。例えば、他システムからデータ連携をファイルで受け入れている業務は、APIでつながることで自動的に連携できるようになり、受入作業が不要となります。

 参考
APIを利用する場合は、
「奉行クラウドAPI version」をお使いください。

＜特徴4＞
▶ **制度改正などにも自動アップデートで確実に対応**
　…セットアップの手間が一切不要に。プログラム自動更新で常に最新

制度改正や機能追加など、常に最新プログラムに自動アップデートされるので、都度セットアップを行う手間や管理の負担は一切不要になるだけでなく、あらゆる環境変化に対応でき、将来にわたり安心して利用できます。

＜特徴5＞
▶ **万全のサポート体制で安心**
　…56万社の導入実績が示す充実したサポート体制

業務に精通した専任のオペレーターが、ユーザーの業務をサポートします。
電話・FAX・WEBといったさまざまな方法で問い合わせることが可能です。
特に、ユーザーと同じ画面を見ながら行うリモートサポートは、高い評価を得ています。

Chapter 3 勘定奉行クラウドで会計業務がこんなに良くなる！

Part 1

「奉行クラウド」の特徴を理解したところで、さらに「勘定奉行クラウド」のメリットや特徴をおさえておきましょう。

「勘定奉行クラウド」は、クラウドサービスである利点をフルに活かしつつ、さらに、従来のパッケージソフトの良いところも取り込んだサービスです。幅広い会計業務を効率化し、つながるひろがることで更なる利便性が得られます。それでは具体的な業務ごとに、それぞれのメリットをみていきましょう。

取引入力・自動起票はこう変わる！

▶ さらに使いやすくなった仕訳機能

パッケージソフトと同様、使い慣れた振替伝票形式の入力画面が用意されています。
従来の勘定奉行から、さらに使いやすくなった仕訳伝票入力で、より早い入力が可能です。

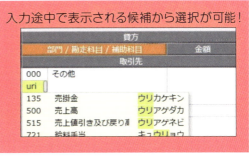

入力途中で表示される候補から選択が可能！

ショートカットキーを利用して
よりスピーディな入力が可能！

※仕訳伝票入力の詳細は
P88をご確認ください。

Part 1 クラウド会計の特徴

▶ 自動起票・学習機能

「勘定奉行クラウド」では、クラウドならではの起票の自動化・学習機能により、数クリックで起票を完了することができます。これらの機能を活用することで、手入力での起票を最小限にし、より効率的に、正確に業務を行うことが可能です。

▶入出金明細データから自動起票

金融機関から受信した入出金明細データを取り込み、仕訳を自動起票します。
APIを利用した自動連携もできますので、手間なくスムーズな起票が可能になります。

※入出金明細データからの自動起票の詳細はP113をご確認ください。

▶定期的な取引を漏れなく起票

毎月定期的に発生する地代家賃や通信費、リース支払等の取引をあらかじめスケジュール登録し、自動起票することができます。予約日にメッセージが表示されるため、起票漏れも防止できます。

※定期的な取引の自動起票の詳細はP104をご確認ください。

Chapter 3　勘定奉行クラウドで会計業務がこんなに良くなる！

▶領収書を学習して自動起票

クラウド上にアップロードした領収書のファイルを見ながら日付・金額・支払先のみを入力するだけで仕訳伝票を登録できます。今まで紙を見ながら入力していた領収書をクラウド上で管理できるというメリットの他に、タイムスタンプを付与することで電子帳簿保存法（スキャナ保存制度）に対応*できます。

*タイムスタンプの付与については別途「証票保管アセンブリ」の適用が必要です。

※領収書データからの自動起票の詳細はP110をご確認ください。

▶ダッシュボードから数クリックで起票が完了

予約された取引のデータや、銀行入出金明細データが取り込まれた場合など、その日に起票すべきデータが「勘定奉行クラウド」のメイン画面「ダッシュボード」上に表示され、数クリックで起票を完了できます。

※ダッシュボードの詳細はP34をご確認ください。

Part 1

Part 1 クラウド会計の特徴

帳票の出力・データ確認・分析もすばやく簡単に

合計残高試算表や元帳といった会計帳票はもちろん、対比表や推移表など、様々な角度で分析できる帳票が用意されています。
日々入力した仕訳データを最大限に活用し、企業の経営分析を支援します。

 ＜奉行クイックコマンド＞様々な帳票をワンクリックでかんたん出力

「勘定奉行クラウド」は、日々入力する仕訳データの集計・加工・分析作業にかかる手間を軽減し、より早く正確に様々な出力を行えます。各帳票に用意されているコマンドをクリックするだけで、画面上のデータを瞬時に出力することを可能にしています。

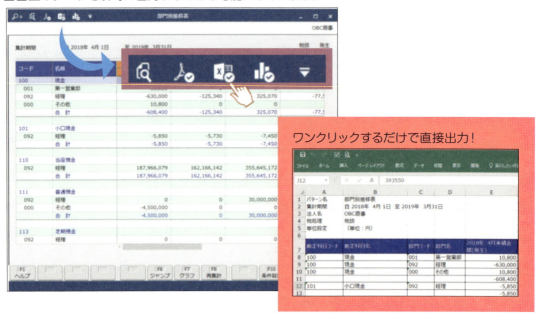

ワンクリックするだけで直接出力！

 参 考　奉行クイックコマンドの種類

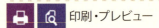
印刷・プレビュー　　　Excel出力

PDF出力　　　Pivot出力

クリップボード

※コマンドの種類はメニューによって一部異なります

Chapter 3 勘定奉行クラウドで会計業務がこんなに良くなる！

▶ 帳票間の移動もスピーディ

各帳票の明細行を選ぶだけで、内訳表や元帳、仕訳伝票にドリルダウンできます。
日々の入力内容を確認する際、気になる明細から元帳や仕訳伝票まで瞬時に追跡できるため、修正が必要な場合もスムーズに行えます。

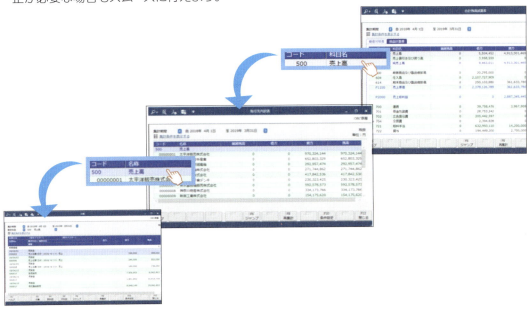

▶ 実績推移や昨年対比で多角的に分析

月別の推移や昨年対比など、マネジメント視点で会計数値を分析することができます。
部門や取引先を活用することで、より細かな数値の分析が可能です。

※各帳票の詳細は、P132 をご確認ください。

Part 1 クラウド会計の特徴

決算・消費税申告 / 納税はこう変わる

決算や消費税申告時に、必要な書類を瞬時に作成できます。
電子申告・電子納税にも対応し、忙しい決算業務をスムーズに完了できます。

▶ 決算報告書

勘定式・報告式・二期間比較といった書式を選んで決算報告書を出力できます。
帳票タイトルやレイアウトの変更も可能です。

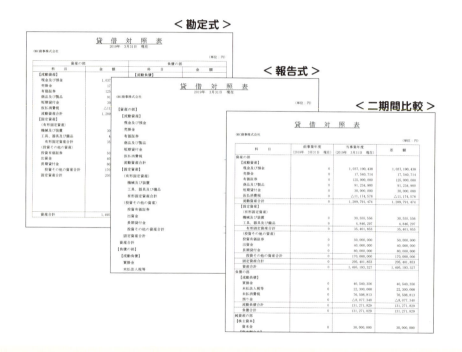

参 考 　出力可能帳票

- 貸借対照表
- 製造原価報告書
- 株主資本等変動計算書
- 損益計算書
- 販売費及び一般管理費明細書
- 個別注記表

※決算についての詳細は、P172 をご確認ください。

Chapter 3　勘定奉行クラウドで会計業務がこんなに良くなる！

▶ 消費税申告

▶消費税申告も瞬時に完了

そのまま税務署へ提出できる消費税申告書を作成できます。
提出用の OCR 用紙への印刷はもちろん、白紙用紙への印刷も可能です。

▼消費税申告書　　　▼付表2

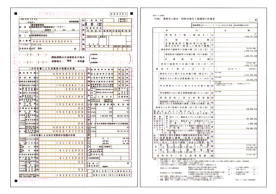

Part 1

参 考　電子申告・電子納税で業務の手間を軽減

消費税申告の電子申告ももちろん可能です。税理士に依頼している場合は、専門家ライセンスを使って税理士とデータ共有を行うことで、税理士が自身の電子証明書を使って「勘定奉行クラウド」から消費税申告を行うこともできます。

▶消費税のチェックもスムーズ

科目別課税対象額集計表や消費税区分明細表など、管理資料も充実しています。
管理資料から仕訳伝票までドリルダウンでき、月次のチェックや、申告前のチェックもスムーズに行えます。

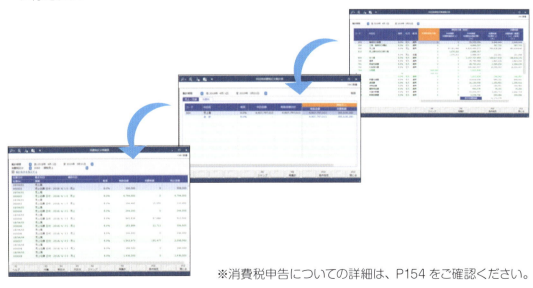

※消費税申告についての詳細は、P154 をご確認ください。

Part 2
導入準備

Chapter 1　導入に必要な情報と準備
Chapter 2　インストールとアンインストール
Chapter 3　メイン画面の構成

Part 2 導入準備

導入に必要な情報と準備

導入時の操作、把握すべき情報について説明します。

勘定奉行クラウド導入の流れ

勘定奉行クラウドに限らず、財務会計ソフトを導入する際には、基本的に踏まえておかなければならない事項がいくつかあります。たとえば、いつから勘定奉行クラウドを使用して日常の取引データの入力を始めるべきか、日常の取引を入力する前に必要となる導入準備作業にはどんなものがあるのか、などです。

コンピュータを使って会計処理を行うからといって、インストールすればすぐに仕訳入力ができるというわけではありません。導入段階では、操作に慣れていないこともあり、簡単なミスが発生しやすく、また時間もかかってしまうものです。仕訳の入力までに必要な作業を確認した上で、まずは勘定奉行クラウドを導入するまでの計画を立てておくとよいでしょう。

<動作環境>

項　目	説　明
日本語 OS	Windows 10 ／ Windows 8.1 ／ Windows 7 (Service Pack 1 以降)
対応ブラウザ	Internet Explorer 11／Microsoft Edge／Chrome
インターネット接続回線	光回線を推奨
必要なソフトウェア	.NET Framework 4.6.1 以降
周辺機器等	上記OSに対応した、ディスプレイ・マウス・キーボード・日本語変換システム
解像度	1366 × 768 以上を推奨

また、クラウドソフトである勘定奉行クラウドは、Winodws 7 (Service Pack1) 以降の OS がインストールされているパソコンで、インターネット接続されているものならどの環境でも使用することができます。複数人での会計処理を行うということも可能ですし、税理士とリアルタイムにデータを共有して利用することもできます。

導入のタイミング

勘定奉行クラウドの運用を開始する場合、いつからどのように導入するかを明確にしておくことが最も重要となります。導入をスタートする時点を決めることで、必要となる導入作業及び導入スケジュールが明確になってくるでしょう。

また、実際に仕訳を入力する場合のルールを決めておくことで、経理処理・会計処理上の混乱を防ぐことができます。

運用を開始する日は、必ずしもその会社の期首である必要はありませんが、実際の業務の流れを考えた場合、月初など区切りのよい日から始めることをお勧めします（勘定奉行クラウドでは期首導入、期中導入のどちらも選ぶことができます）。一般的には、期末残高の確定後に新しい会計処理方法に切り替えることが多いようです。

導入時期に関しては、実際の業務との兼ね合いも考える必要があります。期首から導入を開始するといっても、実務においては、申告のタイミングと重なってしまうことになりますので、人的資源も検討の上、決定することが必要でしょう。

参 考　並行稼働（パラレルラン）について

新システムの導入にあたり、最初は操作に不慣れであることや新システムで正しく記帳されているかどうかの確認が必要であることなどから、従来の方法と新システムによる処理とを並行して進めるといった導入方法もあります。これを並行稼働（パラレルラン）と呼んでいます。

この並行稼働期間は二重に記帳することになるため、入力や記帳などで多少のロスが生じますが、新しい処理方法で従来どおりの処理結果が得られるかどうかをテストし、確認することができるというメリットがあります。

Part 2 導入準備

導入計画のイメージ

たとえば導入時期を期首（4月を前提）とした場合の導入計画に関して、タイムスケジュールを作成してみましょう。下記にタイムスケジュールの参考例を記載しておきます。

	1月	2月	3月	4月	5月	6月	7月
導入処理							
基本情報設定	―――	―					
科目の設定		―――	―				
開始残高の登録			―				
運用処理							
仕訳データ入力				―――――――――――――――			
				並行稼動 ――――			
				正式稼働 ―――――――――――			

上記の例で考えると、導入処理に関しては、1月の末からスタートし、開始残高の決定するタイミングまでが、一つの区切りと考えられます。また、仕訳データの入力に関しては、実際の時間と同じ設定にしていますが、多少後追いになってしまうこともあるでしょう。さらに、開始残高の登録に関しては、あくまで決算前の仮の残高を登録しておき、確定した段階で正しい残高を登録しなおすという方法がよく取られています。この例では並行稼働期間を2ヶ月（4～5月）としていますが、これは会社ごとに適切な期間を決めるようにしましょう。

導入処理に必要な基礎資料

勘定奉行クラウドを導入するにあたり、会計情報に必要となる情報を登録することになります。導入処理の入力・設定を行う時には、下記の資料を用意するようにしましょう。

①過去の決算書、法人税関連申告資料	使用している勘定科目を確認
②前記の決算内訳書	補助科目候補の確認
③消費税申告資料	消費税設定の確認
④各種帳簿、試算表等	
⑤伝票等の仕訳資料	

消費税の設定は、消費税申告資料を用いれば判明するでしょう。また、勘定科目に関しては、前期の決算書や試算表などから必要な科目が判明します。さらに補助科目に関しては、決算内訳書を参考に登録するとよいでしょう。

導入処理の流れ

導入処理とは、会社の基本的な情報や使用する勘定科目・補助科目などの情報を登録することです。導入処理では、勘定奉行クラウドで仕訳を入力する直前の段階までのデータを用意することになります。具体的に導入処理を行う前に、ここで勘定奉行クラウドにおける導入処理の流れを確認しておきましょう（詳細はP38）。

Part 2　導入準備

インストールとアンインストール

『勘定奉行クラウド』のインストール・アンインストールについて記載します。

インストール

勘定奉行クラウドを購入すると、「奉行クラウドを起動するまでの手順書」が同梱されています。手順書に従って操作することで誰でも簡単にインストールすることができます。

インストールと利用開始までの流れ

①登録番号カードを準備し、ライセンスキーを発行

②利用開始の申し込みを行う（OBCiD を設定）

③ソフトウェアのダウンロードと起動を行う（システム起動時のパスワードを設定）

④ソフトウェアの案内に従って、各種入力を行う

注意

複数担当者で勘定奉行クラウドを利用する場合や、自宅・会社のPCにそれぞれインストールしたい場合は、各PCごとにインストールを行う必要があります。

Chapter 2　インストールとアンインストール

インストールが完了後、デスクトップに「奉行クラウド」のアイコン が自動で表示されます。

利用する際は、 をダブルクリックして起動します。

Part 2

アンインストール

今までの奉行シリーズではアンインストールすると、これまで使用していた会社データも削除されましたが、奉行クラウドでは、契約を終了するまでデータがクラウド上に残ります。担当者が変更になった場合や、PCが新しくなる場合などもそのまま同じデータを利用することができるため、引き継ぎも簡単です。

▶ **アンインストールの流れ**

① [コントロールパネル] - [プログラムのアンインストール] をクリックします。

② 「奉行クラウド〇〇」と表示されているプログラムをすべてアンインストールしてください。

Part 2 導入準備

メイン画面の構成

勘定奉行クラウドを起動した時のメイン画面について理解していきましょう。

「勘定奉行クラウド」を起動するとメイン画面が表示されます。
実務担当者がより効率的に業務を行えるように考えられた機能がたくさんありますので、1つずつご紹介していきます。

①**ツールバー（→ P30）**
各種設定やヘルプなど、必要に応じて使うアイコンが置かれています。

②**お気に入り（→ P33）**
よく使うメニューを出しておくなど、ご自身で表示内容をカスタマイズできます。

③**ダッシュボード（→ P34）**
日常業務のステータスがひと目でわかります。

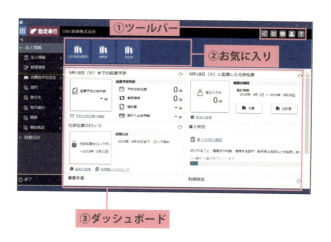

奉行クラウド共通メインメニュー画面

複数の奉行クラウドサービスを利用する場合、どのサービスを使うかをまず選択します。

▶ **サービス選択**

①左上の ▦ をクリックすると、「サービス選択」画面が表示されます。

②利用できる「奉行クラウド」のサービスが表示されます。
ここから利用したいサービスの切り替えを行うことができます。

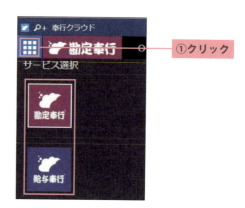

028

Chapter 3　メイン画面の構成

奉行クラウドのメインメニュー一覧

画面の左側には、勘定奉行クラウドで利用するメニューが一覧で表示されています。

▶ ［法人情報］の各メニュー

導入時に初期設定するメニューが集約されています。
具体的には、勘定科目や補助科目、部門など様々なマスター情報をここで設定していきます。初回起動時に案内に従って入力していくことで、これらの情報は漏れなく設定することができます。

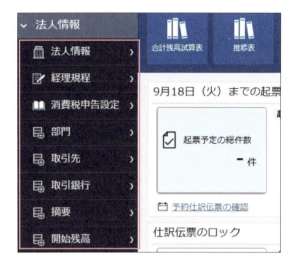

▶ ［財務会計］の各メニュー

日々の運用で利用するメニューが集約されています。
具体的には、日々の仕訳伝票の登録や、元帳や合計残高試算表などの会計帳票の出力などができます。
さらに、消費税申告や決算報告書の作成もこちらから行うことができます。

Part 2

029

ツールバー

桁数の設定や利用者の追加など、日常の業務では利用しない各種設定が、機能ごとにまとめられています。

▶ 汎用データ

各マスターや開始残高などのデータ出力・受入を行うことができます。
※各メニューからもデータ出力・受入を行うことは可能です。

▶ 設定

[運用設定]メニュー

暦表示や、マスター桁数の設定など運用の基本となる情報を設定します。途中で変更することも可能です。

[休日]メニュー

自社休日の設定を行います。
仕訳伝票予約する際などに影響します。

[帳票別プリンタ設定]メニュー

各帳票を印刷するときのプリンタの設定を一覧画面で設定することができます(全利用者で共通プリンタを設定、利用者ごとに別々のプリンタを設定、どちらも行うことができます)。

Chapter 3　メイン画面の構成

▶ セキュリティ

管理者の人が使うメニューが集約されています。複数人で利用する場合は管理者以外見られないように、メニュー権限でこの中のメニューは開けないようにすると良いかもしれません（詳細は次ページの【ここがPoint♪】をご参照ください）。

▶ 個人設定

ログインするためのパスワードの設定や、画面のフォントなど、個人の設定が集約されています。
特に、よく使うメニューをメイン画面に自由に表示できる[お気に入り]機能は非常に便利です。詳細は33ページをご確認ください。

▶ ヘルプ

サービスのヘルプや、バージョン情報が確認できます。
「ヘルプ」メニューをクリックすることで、「勘定奉行クラウド」の操作説明を見ることができます。
アップデートした機能の内容も、ここから随時確認することができます。

「利用者」メニュー
⇒複数の会計担当者で勘定奉行クラウドを利用する場合に、利用者を追加することができます。
　勘定奉行クラウドは、同じアカウントで複数のPCに同時にログインすることができません。複数人で利用するときは必ずここから利用者を登録するようにしましょう。

「専門家招待」メニュー
⇒税理士の先生とデータを共有する場合に利用します。

「管理ポータル」
⇒パスワードポリシーや、ログイン履歴など、主にセキュリティー関連の内容を修正・参照したい場合に利用します。
　複数人で利用する場合は、利用者ごとにメニューの表示非表示を設定することもできます(管理ポータル内の[メニュー権限パターン登録]メニューで設定)。

Chapter 3　メイン画面の構成

お気に入り

自身がよく利用するメニューをお気に入りに登録しておけば、ワンクリックですぐにメニューを起動することができるようになります。
都度メニュー一覧から探す必要がなくなり、効率よく作業を行うことができます。

お気に入りの設定は、P31 の個人設定から行うことができます。
お気に入りでは右図のように、登録したメニューを即時に起動することができるため、例えば仕訳伝票入力を頻繁に行う場合はお気に入りに仕訳伝票入力を登録しておくことで、簡単でわかりやすく使用することができます。

①お気に入りに登録した[仕訳伝票入力]をクリックする。

②仕訳伝票入力画面が起動する。

ここがPOINT♪

はじめはどのメニューをよく利用するのか分からないと思いますので、使い慣れてきたらよく利用するメニューを「お気に入り」に登録して自分だけのメニュー一覧を作りましょう♪

Part 2 導入準備

ダッシュボード

ダッシュボードでは、日々の登録内容のチェックをワンクリックで確認できるなど、日々の作業の中で必要な業務をより効率的に確認できる機能が集約されています。勘定奉行クラウドを使用する際、日常的な処理ならばダッシュボードとお気に入りだけで事足りるということも多いでしょう。

▶ 「○○までの起票予定」

① 「起票予定」には、予約仕訳伝票や領収書、銀行入出金明細の各項目の内容を勘定奉行クラウド側で自動的に判別し、本日までに仕訳を起票すべき内容がそれぞれの取引内容ごとに何件あるか通知されます。

② クリックすることで本日起票予定画面が起動します。

Chapter 3　メイン画面の構成

○○に起票した仕訳伝票

① こちらでは日々の登録内容の確認を簡単に行うことができます。日々のチェックに利用します。

② [設定の変更]から以下のどちらの期間で内容を確認したいか選択できます。
・当日登録した内容のみ確認する
・当月の累計の登録内容を確認する

参考　ダッシュボードについて

ダッシュボードには、紹介した内容の他にも、導入時に便利な「導入状況」や、現在の登録データの状況が分かる「利用状況」、事業年度を管理できる「事業年度」、仕訳伝票の入力期間をロックできる「仕訳伝票ロック」などがあります。

ここがPOINT♪

ツールバーの[管理ポータル]から[メニュー権限パターン登録]メニューでダッシュボードの内容についても利用者ごとに表示・非表示を設定することができます。

Part 3

【導入時】

基本データの登録

- Chapter 1　基本データの登録
- Chapter 2　法人情報を確認・変更する
- Chapter 3　経理業務全般の設定を行う
- Chapter 4　勘定科目を登録する
- Chapter 5　補助科目を登録する
- Chapter 6　科目体系を登録する
- Chapter 7　消費税申告に必要な設定を行う
- Chapter 8　部門・部門グループを登録する
- Chapter 9　取引先を登録する
- Chapter10　取引銀行の口座を設定する
- Chapter11　摘要の情報を登録する
- Chapter12　開始残高を登録する
- Chapter13　導入前実績金額を登録する

Part 3 【導入時】基本データの登録

基本データの登録

まずは、『勘定奉行クラウド』の導入時にどのような流れで設定を行っていけば良いか、全体の流れを把握しましょう。

勘定奉行クラウド導入の流れ

仕訳伝票を入力していく前に、自社の会計ルールなどを設定したり、仕訳伝票入力を効率的に行うためのマスターを登録していきます。大まかな流れは以下の通りです。

①自社の会計ルールなどの初期設定を行う

会計期間や経理方式などを設定します。また、部門などのコード桁数や伝票 No. の設定を行います。
これから「勘定奉行クラウド」を利用していく上で重要な設定が多いメニューですので必ず確認しましょう。

【詳細】
P41「法人情報を確認・変更する」
P44「経理業務全般の設定を行う」
P61「消費税申告に必要な設定を行う」

②科目の設定を行う

勘定科目、補助科目を登録します。あらかじめ一般的に使用される勘定科目が初期登録されていますので、必要に応じて追加・修正・削除します。

【詳細】
P50「勘定科目を登録する」
P57「補助科目を登録する」
P59「科目体系を登録する」

③各マスターの設定を行う

部門を登録します。
部門ごとに勘定科目ごとの発生金額や残高を把握したい場合のみ登録します。

【詳細】 P64「部門・部門グループを登録する」

取引先を登録します。
取引先ごとに勘定科目の内訳 (売掛金や買掛金など) が見たい場合のみ登録します。

【詳細】 P69「取引先を登録する」

自社の金融機関を登録します。
EB 製品やインターネットバンキングを利用して入出金明細データを勘定奉行クラウドに受け入れる場合のみ登録します。

【詳細】 P71「取引銀行の口座を設定する」

Chapter1　基本データの登録

伝票で使用する摘要を登録します。
頻繁に使用する摘要を登録することで、入力の手間を省けます。

【詳細】　P75「摘要の情報を登録する」

開始残高を登録します。
また、会計期間の途中で導入する場合は、期首から導入開始月までに発生した金額を合計で入力できます。期中の発生額を仕訳として入力することも可能です。

【詳細】　P77「開始残高を登録する」

ここがPOINT♪

必ずしも、すべての項目をはじめに登録しておく必要はありません。
部門や取引先、金融機関の設定などは自社の運用上登録が必要かを考えて必要に応じて設定していきましょう。
次ページ以降で詳しくみていきましょう！

Part 3

Part 3 【導入時】基本データの登録

導入の設定状況を確認する

「勘定奉行クラウド」を初めて起動すると、[導入状況] の画面が表示されます。この画面には、前ページで記載した流れの順番が記載されていますので、順番に沿って設定していくことで導入の設定はすべて入力することができます。また、途中で中断した場合は、ダッシュボードに表示されている「導入状況」から再度入力を続行することができます。

「導入状況の確認」をクリックして、導入に必要な内容を確認したり、設定したりすることが可能です。

注意

本書では次ページ以降、メニュー一覧から起動する方法を案内していますが、ダッシュボードの[導入状況]の各リンク（青色の文字）をクリックしても同じメニューが起動されますので、どちらから行っていただいても構いません。

Chapter 2 法人情報を確認・変更する

自社の会社名や住所などを設定していきましょう。ここで入力した内容は、決算報告書や消費税申告書に印字されます。

法人情報

①メニュー一覧の「法人情報」から、【法人情報】-【法人情報】メニューを選択します。

②会社の住所や電話番号などを確認・入力して、【登録(T)】ボタンをクリックします。「郵便番号」欄では、郵便番号入力すると該当の住所が表示され、住所入力の手間を省くことができます。

参考 法人情報が印字される帳票について

[法人情報] メニューで入力した法人名や住所などは消費税申告書や決算報告書の印字に影響します。

例：消費税申告書→

Part 3 【導入時】基本データの登録

運用設定

西暦・和暦、部門や勘定科目などのコード桁数や伝票 No の設定、帳票出力の文字配置を行うことができます。後から変更することも可能ですが、一度設定してしまえば変更することは多くはないので、初回起動時に設定することをおすすめします。

①ツールバーの設定アイコンから、【運用設定】メニューをクリックします。

②「運用設定」画面が開きます。[基本] ページでは、西暦・和暦の選択が行えます。

③[マスター] ページでは、各マスター項目の名称やコード桁数を設定します。

④ [帳票出力] ページでは、各帳票出力時の文字配置や担当社印の見出しを設定することができます。

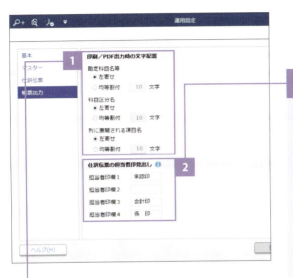

2 仕訳伝票の担当者印見出し

[仕訳伝票入力] メニューで、仕訳伝票の内容を印刷時(OBC4行・コクヨ4行)に、印字する担当者印の見出しを設定できます。最大4文字までです。

↑印刷イメージ

1 印刷/PDF出力時の文字配置

設定により各帳票の印刷イメージが以下のように異なります。

◆「左寄せ」の場合

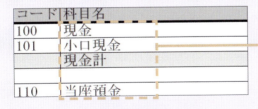

左寄せで印字されます。

◆「均等割付(10文字)」の場合

設定した文字数で文字と文字の間隔を均等に自動調整して印字します。
※この印刷イメージは、均等割付の文字数を「10」文字と指定しているので、10文字の幅の中で均等になるように自動調整されています。

文字配置は、「勘定科目」「科目区分名」「列の項目名」でそれぞれ設定できます。

Part 3 【導入時】基本データの登録

経理業務全般の設定を行う

Chapter 3

会計期間や、経理方式など経理業務を行う上で必須となる設定を行います。

「勘定奉行クラウド」を利用する上で非常に重要な設定が多くあるため、必ず導入時に確認しましょう。

経理業務設定

①メニュー一覧の「法人情報」から、【経理規程】-【経理業務設定】メニューを選択します。

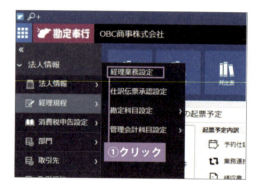

②各ページを開いて設定していきます。

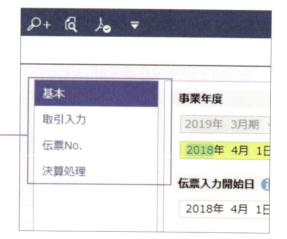

Chapter3 経理業務全般の設定を行う

▶ [基本] ページ

事業年度や、経理方式など経理業務において最も基本となる設定を行うページです。

項 目	説 明
事業年度	会計期間を指定します。
伝票入力開始日	初期値は会計期首が表示されます。当サービスを期中で導入する場合は、伝票入力を開始する日付を指定します。
決算期	自社の決算期を入力します。
月中締め時の月表示	期首日が月中の場合に、月の表示を設定します。
経理方式	決算報告書を税抜金額、税込金額どちらで出力するかを選択します。
電子帳簿保存	電子帳簿保存法の「証憑のスキャナ保存」を行う場合に「する」を選択します。 ※別途「証憑保管アセンブリ」を購入している場合に有効な設定です。
製造原価項目	「勘定奉行クラウド」で、製造原価報告書を作成する場合に「使用する」を選択します。 ※「使用する」にすると [勘定科目] メニューに製造原価科目が増えます。
棚卸処理	棚卸処理を月次・年次どちらで行うかを設定します。

注 意

「会計期首」「伝票入力開始日」は、伝票を登録すると変更できなくなります。

▶ [取引入力]ページ

仕訳伝票を入力する際に影響する初期設定の内容を登録していきます。このページも必ず導入時に確認するようにしましょう。

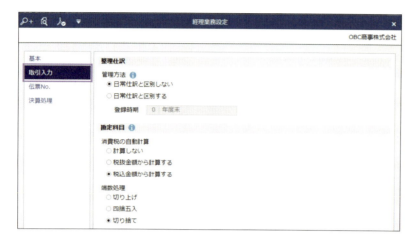

項　目	説　明
整理仕訳	「日常仕訳と区別する」を選択すると、決算時特有の振戻仕訳などを日常の仕訳とは区別して仕訳を登録できるようになります。 下の画面のように各帳票メニューで期間を集計する際に、期首月の4月と期首振戻仕訳を区別して集計できますので、振戻分は省いて月々の発生費用だけを確認でき便利です。
勘定科目 - 消費税の自動計算	仕訳伝票を入力時に、税抜金額を入力するか、税込金額を入力するかを選択します。
勘定科目 - 端数処理	仕訳伝票入力時に消費税が自動算出された結果、1円未満の端数がある場合の端数処理を設定します。

Chapter3　経理業務全般の設定を行う

Attention

注 意

「消費税の自動計算」や「端数処理」の設定は、勘定科目ごとに個別で設定を行うことが可能です。したがって、この内容を変更すると [勘定科目] メニューの各勘定科目の設定が一括で変更されます。**ただし、既に登録済の伝票には反映されませんのでご注意ください。**

▶ [伝票No.]ページ

仕訳伝票の伝票No.に関して、付番方法や重複チェックを行うかなどの設定を行うページです。

項目	説明
付番方法	●「自動付番する」 ⇒「付番基準」の設定に則って自動でシステムが伝票No.を付番します。新規登録時に手入力で伝票No.を変更するといったことはできません。 ●「自動付番する（その場で変更可）」 ⇒「付番基準」の設定に則って自動でシステムが伝票No.を付番します。また、新規登録時に手入力で伝票No.を変更することも可能です。 ●「手入力する」 ⇒1枚1枚登録時に手入力で伝票No.を指定する方法です。
付番基準	何を基準にして付番をするかを設定します。例えば「月ごとに付番する」の場合は、4月、5月のように各月ごとに「No.0001」から付番することができます。
重複チェック	同じ伝票No.で新規に仕訳伝票を登録する際にチェックにかけるかどうかを設定します。

Chapter3 経理業務全般の設定を行う

▶ [決算処理]ページ

決算にかかわる全般の設定を行うページです。
こちらのページは決算時に関わる内容となりますので、導入時に必ず設定する必要はありません。不明な場合は、決算時に税理士や会計士に相談すると良いでしょう。

項目	説明
決算回数	年1回／年2回(中間決算)／年4回(四半期決算)に対応しています。
キャッシュ・フロー計算書の作成方法	「直接法」「間接法」のどちらで出力するかを設定します。 分からない場合は税理士の先生などに確認しましょう。
構成比の分母となる科目区分	決算報告書に構成比を出力する場合に、各科目の分母となる科目区分を指定します。
貸借区分によるマイナス符号	決算報告書を出力する際のマイナス符号をつけるかつけないかを設定します。
残高繰越時の繰越利益剰余金	残高を翌事業年度に繰り越す際の設定を行います。

ここがPOINT♪

[経理業務設定]は、事業年度ごとに設定を保持します。翌期になって設定を変更したい場合でも前期には影響しませんのでご安心ください!

Part 3 【導入時】基本データの登録

Chapter 4 勘定科目を登録する

勘定科目の登録や修正方法について解説します。

あらかじめ一般的に使用される勘定科目が初期登録されています。
前期の決算報告書や合計残高試算表の勘定科目と照らし合わせて、
普段使用している勘定科目の名称に修正したり、足りない科目を追加していきましょう。

メイン画面の構成

【勘定科目】メニューの画面構成を確認しましょう。

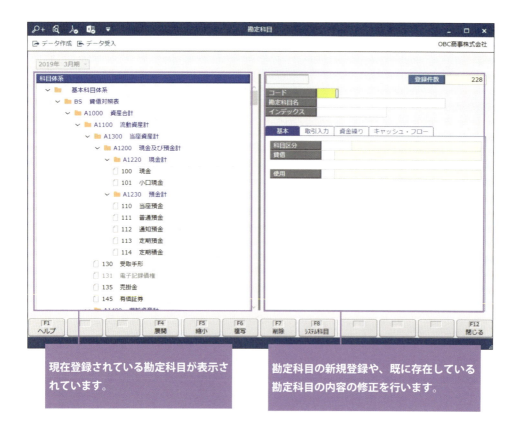

現在登録されている勘定科目が表示されています。

勘定科目の新規登録や、既に存在している勘定科目の内容の修正を行います。

Chapter4　勘定科目を登録する

■勘定科目
「100 現金」や「110 当座預金」等のことです。仕訳伝票は勘定科目を使用して入力します。新規追加や修正、削除を行うことができます。

■科目区分
「A1220 現金計」「A1230 預金計」等のことです。科目区分とは、同じ意味を持つ勘定科目をまとめている区分で、勘定科目の金額を集計する計項目です。
科目区分の横には黄色のフォルダが付加され、展開すると、科目区分内の勘定科目が表示されます。科目区分を追加・修正したい場合は、[科目体系] メニュー（P59参照）で設定します。

科目ごとの設定項目

画面右側の、各勘定科目の細かい設定の中で、主要な設定項目の意味を確認しましょう。

 [基本] ページ

決算にかかわる全般の設定を行うページです。
こちらのページは決算時に関わる内容となりますので、導入時に必ず設定する必要はありません。不明な場合は、決算時に税理士や会計士に相談すると良いでしょう。

項　目	説　明
科目区分	どの科目区分に属するか（集計させるか）を選択します。
貸借	勘定科目が借方科目なのか貸方科目なのかを選択します。 一般的に、資産・費用科目は「借方」、負債・純資産・収益科目は「貸方」となります。
使用	[0: 使用しない] にすることで、仕訳伝票で入力できなくなります。

Part 3 【導入時】基本データの登録

▶ [取引入力]ページ

```
┌─────┬──────┬──────┬──────────┐
│ 基本 │取引入力│資金繰り│キャッシュ・フロー│
└─────┴──────┴──────┴──────────┘
```

| 借方消費税区分 | 0000 | 対象外 |
| 貸方消費税区分 | 0000 | 対象外 |

| 消費税自動計算 | 0 | 計算しない |
| 端数処理 ⓘ | 2 | 切り捨て |

| 事業区分 | 0001 | 第1種（卸売業） |

部門	入力欄へ移動	1	する
	未入力確認	0	しない
	自動表示する部門		

| 取引先 | 入力欄へ移動 | 1 | する |
| | 未入力確認 | 0 | しない |

項目	説明
借方（貸方）消費税区分	課税科目なのか非課税科目なのかを判断する税区分を設定します。 同じ勘定科目でも取引内容によって課税・非課税が異なる場合は補助科目を設定すると便利です（P57「補助科目を登録する」をご参照ください）。
消費税自動計算 端数処理	仕訳伝票入力時の消費税の入力方法や端数処理について設定します。 初期値は[経理業務設定]メニューの[取引入力]ページで指定した設定になっています。
事業区分	以下をどちらも満たす場合に指定します。仕訳伝票入力時に一時的に変更することも可能です。 ・[消費税申告設定]メニューで計算方法を「簡易課税」に設定している場合 ・税区分が売上に関する税区分の場合（例：売上高など）
部門 補助科目 （補助科目が登録されている場合のみ表示されます） 取引先	仕訳伝票入力時の便利機能です（P93「効率的に入力する便利機能！」をご参照ください）。

Chapter4 勘定科目を登録する

勘定科目を登録する

勘定科目を新規に登録する方法は、以下の2種類があります。

[1] 画面右の「コード」欄に、未使用の勘定科目を入力する。
[2] 勘定科目を追加したい科目区分にフォーカスをあて、 アイコンをクリックする。

今回は、科目区分のアイコンから追加する方法で新規登録を行っていきます。

「732：採用教育費」を新たに登録する方法を例に手順を説明していきます。

Part 3

①【法人情報】-【経理規程】-【勘定科目設定】-【勘定科目】メニューを選択します。

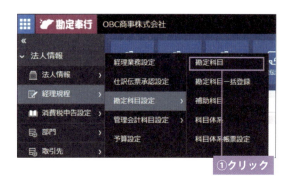

②費用科目を新たに追加するので、画面左から「P3000：販売費及び一般管理費計」にカーソルをあてて、アイコンをクリックします。

 アイコンから登録すると、「科目区分」「貸借」が自動入力されます。

053

③コード、勘定科目名を入力します。

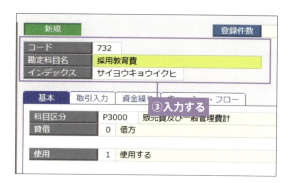

④各タブの内容を確認し、【F12登録】ボタンをクリックして登録します。

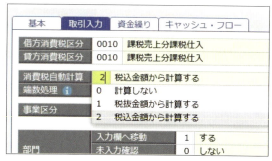

⑤登録が完了したら、【科目体系】に「732:採用教育費」が正しく表示されていることを確認してください。

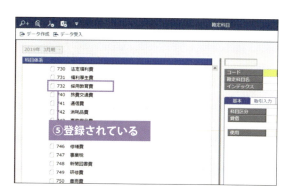

参 考　勘定科目の修正・複写・削除について

勘定科目の修正・複写・削除も、画面左の【科目体系】から行うことができます。

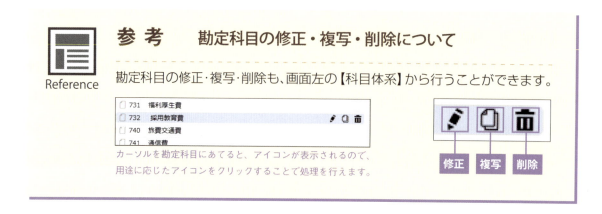

勘定科目を修正する

勘定科目の内容を修正する方法は、以下の2種類があります。

[1] 画面右の「コード」欄に、修正したい勘定科目コードを入力する。
[2] 修正したい勘定科目にフォーカスをあて、 アイコンをクリックする。

今回は、勘定科目のアイコンから修正する方法で修正登録を行っていきます。

勘定科目【704:交際費】について、「取引入力」タブの「取引先」「入力欄へ移動」項目を「1:する」に修正しましょう。

① 画面左の【科目体系】から、勘定科目「704:交際費」にカーソルをあて、 アイコンをクリックします。

② 「取引入力」タブに切り替えます。

③ 1:「する」に変更します。

④ 修正が完了したら、【F12 登録】ボタンをクリックします。

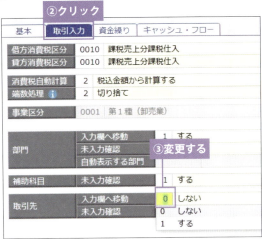

ここがPOINT♪

当メニューで、画面左の[科目体系]に表示されている勘定科目のうち、グレーになっている勘定科目は「使用」項目が「0: 使用しない」になっているため、仕訳を起票する際に利用できません。
いくつかの勘定科目が初期値でグレーになっているため、使用する項目がグレーになっていた場合は、使用区分を「1: 使用する」に変更する必要があります。

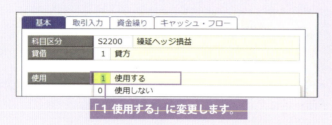

参 考　　勘定科目の一覧を受入・出力したい場合

勘定科目の一覧を印刷したい場合や、Excel・PDFに出力したい場合は、画面上部の「奉行クイックコマンド」から行います。

また、CSVファイルで勘定科目を出力したり、一括で修正データを受け入れる場合は、[データ作成]・[データ受入]ボタンから行います。

ここがPOINT♪

勘定科目の他に後述する補助科目・部門・取引先は、上記と同様の手順で登録内容の一覧を出力または受入することができます。

補助科目を登録する

Chapter 5

勘定科目の内訳を把握したい場合に、補助科目の情報を登録します。
例えば、当座預金などを銀行口座別に把握する場合に、銀行口座名を補助科目として登録します。

① 【法人情報】-【経理規程】-【勘定科目設定】-【補助科目】メニューを選択します。

② 補助科目を登録したい勘定科目コードを指定します。

③ 「補助科目」画面の左側のウィンドウに補助科目のリストが表示されます。

④ 画面右側に新規で登録したい補助科目のコード・補助科目名などを登録して[F12：登録]ボタンを押します。

〈その他の具体例〉
課税取引と非課税取引が混在する勘定科目の場合
交際費や福利厚生費など、課税取引と非課税取引が混在する勘定科目については、取引ごとに補助科目を登録し、補助科目ごとに消費税設定をしておくと便利です。
税区分は、伝票上で随時変更することも可能です。

「勘定科目と同じ設定にする」のチェックを外すことで、借方消費税区分・貸方消費税区分を設定できるようになります。

Chapter 6 科目体系を登録する

財務諸表を出力するための基本体系を設定します。あらかじめ標準的な体系が登録されていますので、必要に応じて勘定科目をどの単位でまとめるのか、並び順はどうするのか等を設定していきます。

① 【法人情報】-【経理規程】-【勘定科目設定】-【科目体系】メニューを選択します。

② 「科目体系」画面左側のリストから、編集したい科目区分を選択します。
マウスカーソルを乗せると、アイコンが表示されます。

③編集アイコンをクリックすることで、修正画面になります。

③入力する

項　目	説　明
親科目区分	どの科目区分に紐付けるかを設定します。
貸借	貸方・借方の設定をします。
利益科目	売上総利益・営業利益など、紐づく勘定科目の合計ではなく、費用科目をマイナスした結果を表示するような科目区分は、「利益科目にする」に設定します。 利益科目区分に設定すると、[利益科目]ページと[計算]ページが表示されます。 （例）売上総利益・営業利益・経常利益・税引前当期純利益・当期純利益
使用	使用する・しないを設定します。

参考　科目体系帳票設定について

貸借対照表、損益計算書などの決算書を出すときに、非表示にする科目区分を設定することができます。
目的に応じて表示形式を切り替えた決算書を出力する際にご利用ください。

Chapter 7

消費税申告に必要な設定を行う

会計業務において非常に重要な消費税申告を行う上で必要な情報を設定します。ここでは消費税の納付額の計算方法（原則課税、簡易課税、免税）や控除方法を設定していきます。

消費税申告設定

① 【法人情報】-【消費税申告設定】-【消費税申告設定】メニューを選択します。

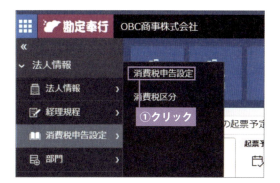

② 「消費税申告設定」画面の各ページで設定を行います。

Part 3 【導入時】基本データの登録

▶ [基本] ページ

計算方法や控除方法など、消費税申告において最も基本となる設定を行うページです。
こちらも非常に重要な設定ですので導入時に必ず確認してください。不明点は担当の税理士に確認して設定していきましょう。

項目	説明
申告回数	消費税申告の回数を設定します。この設定によって、消費税申告書の条件設定画面で選択できる「申告対象期間」が変わります。
計算方法	消費税納付額の計算方法を選択します。
控除方法	「計算方法」で「原則課税」を選択している場合に設定します。 ※簡易課税の場合は関係ない設定のため選択できません。
売上税額 積上計算 仕入税額 積上計算	平成16年4月1日に廃止された「消費税法施行規則第22条1項(積上計算)」を適用している場合に設定します。 ※経過措置として適用しているケースがごくごく稀にありますが、大半は適用していません。
課税売上割合に準ずる割合	消費税法第30条の「課税売上割合に準ずる割合」を適用し、消費税申告書の付表2の課税売上割合を手入力する場合は、「適用する」を選びます。
主たる事業区分	「計算方法」で「簡易課税」を選択している場合は必ず設定します。これによって控除額が変わります。

Chapter7 消費税申告に必要な設定を行う

「計算方法」で「簡易課税」を選択している場合、主たる事業区分によって消費税の納付税額が変わります。
主たる事業区分に何を指定して良いか分からない場合は、国税庁のHPで確認することができます。
「勘定奉行クラウド」のヘルプからも確認できます。

▶ [税理士関与] ページ

税理士が税務代理を行う場合に設定します。わからない場合は担当の税理士に確認して設定しましょう。

Part 3 【導入時】基本データの登録

Chapter 8 部門・部門グループを登録する

勘定奉行クラウドでは、仕訳の内容を入力時に部門指定することで、部門ごとに発生金額を管理することができます。部門管理を行う場合は、最初に部門情報の登録を行います。

部門と部門グループの関係

勘定奉行クラウドでは、部門と部門グループというマスターの設定があります。

＜部門＞

仕訳伝票を入力時に部門を指定していくことで、管理資料で部門ごとに発生金額を集計することができます。

＜部門グループ＞

部門グループは、複数の部門をまとめるグループのことです。
部門グループを作成することで、管理資料で複数の部門の合計金額を確認できます。

グループを必要としないケース（各部門ごとの発生金額だけ確認できれば良い）

グループを必要とするケース（複数部門をまとめた発生金額も確認したい）

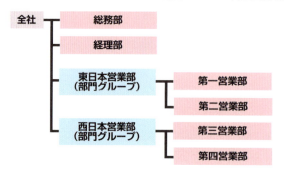

新しい部門を登録する

① 【法人情報】-【部門】-【部門】メニューを選択します。

② 「部門」画面が表示されます。「コード」欄に設定したい部門コード、「部門名」に部門名を入力し（②-1）、【F12 登録】ボタンをクリックします（②-2）。

③ 「登録します。よろしいですか？」というメッセージが表示されますので、【OK】ボタンをクリックします。表示欄に登録した情報、「登録件数」欄に登録した部門の数が表示されます。登録後、再び「コード」欄にカーソルが移動するので、続けて次の部門情報を登録することができます。

組織改編によって部門名の変更や追加がある場合

勘定奉行クラウドでは、部門名を日付別に管理することができます。
例えば会社の組織改編に伴い、新年度から部門名が変わるといった場合に過去の期間の資料は旧部門名で出力したいという要望にお応えできます。

① 【法人情報】-【部門】-【部門】メニューを選択します。

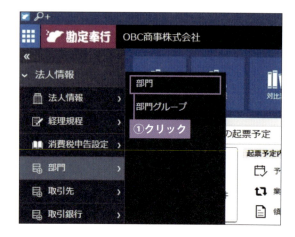

② 部門は日付ごとに内容を保持することができます。【改編】ボタンをクリックします。

③ 「部門-改編」画面が起動しますので、【追加(A)】ボタンをクリックします。

Chapter8　部門・部門グループを登録する

④「部門-改編日付」画面が起動しますので、改編日付と備考を入力します。(④-1) 入力が完了したら、【OK】ボタンをクリックします。(④-2)

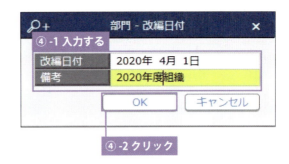

⑤追加した改編日付が選択できるようになります。

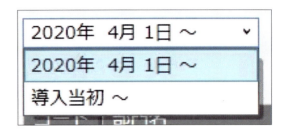

⑥下記の例をもとに、部門名を変更します。

例)「001:第一営業部」が2020年度から「001:東日本第一営業部」に部門名が変わる場合

「部門」画面のコード欄に「001」を指定し、修正モードで部門名に「東日本第一営業部」と入力し (⑥-1)、【F12登録】ボタンをクリックします。(⑥-2)

Part 3 【導入時】基本データの登録

部門をグループとしてまとめる

登録した個々の部門を、集計単位ごとに部門グループとして登録します。部門グループは、複数の階層で登録することができますので、部門グループの中にさらに部門グループを登録するといったことも可能です。

① 【法人情報】-【部門】-【部門グループ】メニューを選択します。

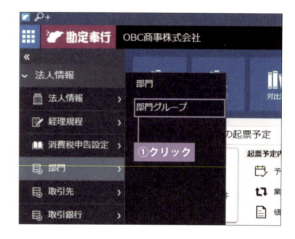

② 登録したい部門グループのコードと名称を「コード」欄と「部門グループ名」欄に入力します。【F12 登録】ボタンをクリックすると、確認メッセージが表示されます。【OK】ボタンをクリックすると登録されます。

③ 部門グループに追加する部門を、画面右側の部門一覧欄から選択します。

追加したい部門を選択し、【F6 ←追加】ボタンをクリックすると、「部門グループ階層」に移動します。

追加したい部門が複数ある場合は、画面右側で複数の部門を選択してドラッグ&ドロップで追加すると簡単に追加できます。

取引先を登録する

Chapter 9

取引先ごとに勘定科目(売掛金や買掛金等)の内訳を把握したい場合に、取引先を登録します。

登録することで、仕訳伝票を入力する際に取引先を指定できるようになり、取引先別の管理資料を集計することができます。取引先ごとの管理が必要ない場合、登録する必要はありません。

①【法人情報】-【取引先】-【取引先】メニューを選択します。

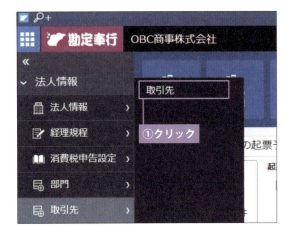

②コード、取引先名、取引先名カナを入力し、【F12 登録】ボタンをクリックします。
法人番号や事業所名などが手元にある場合は入力してください。

Part 3 【導入時】基本データの登録

ここがPOINT♪

取引先検索画面は、「取引先コード」または「名称、インデックス」で一部一致している法人が検索結果に表示されます。

◆取引先コードで検索した場合

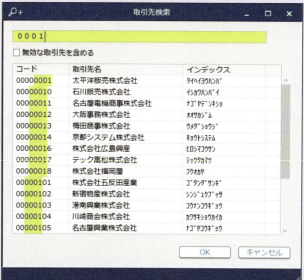

◆取引先名で検索した場合

Chapter 10 取引銀行の口座を設定する

自社の銀行口座を登録することで、銀行入出金明細データから自動で仕訳伝票を起票することができます。

取引銀行とは

「勘定奉行クラウド」では、インターネットバンキングやEBソフトから銀行入出金明細データを取り込むことで、仕訳伝票へ自動起票することができます。自動起票は、【取引入力】-【取引入力】-【銀行入出金明細入力】メニューから行います。
その事前準備として、自社の銀行情報を登録する必要があります。

銀行入出金明細データの取り込みは以下の2通りあります。利用する方法に応じて設定を行いましょう。

1 自動で取得する場合（APIサービス）

金融機関提供のAPIサービスと連携して、明細データを自動で取得する

① [法人情報]-[取引銀行]-[法人口座]メニューで、法人口座情報を登録します（P72参照）。

② [法人情報]-[取引銀行]-[連携金融機関]メニューで金融機関と連携するための情報を登録します（P73参照）。

※対応している金融機関のAPIサービスについては P113「銀行入出金明細入力」をご確認ください。

2 ファイルで受け入れる場合

インターネットバンキングからダウンロードした明細ファイルを受け入れる

① [法人情報]-[取引銀行]-[法人口座]メニューで、法人口座情報を登録します（P72参照）。

Part 3 【導入時】基本データの登録

法人口座メニュー

EB製品やインターネットバンキングの契約を結んでいる金融機関の情報を登録します。

①【法人情報】-【取引銀行】-【法人口座】メニューを選択します。

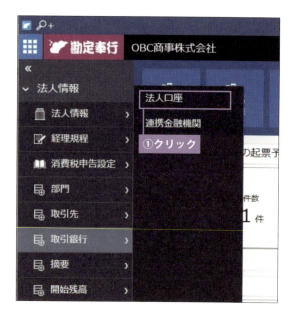

②コード、法人口座名を入力します。

③銀行コード、支店コードを入力します。自動的に銀行名や支店名が入力されます。

④預金種目、口座番号、口座名義、口座名義カナ、連絡先電話番号を入力します。

⑤すべての入力が完了したら、【F12 登録】ボタンをクリックします。確認メッセージが表示されますので、【OK】ボタンをクリックします。

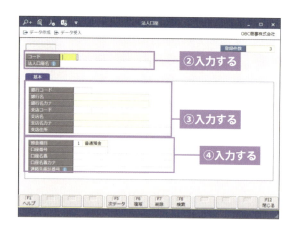

連携金融機関メニュー

金融機関提供のAPIサービスと連携を行います。入出金明細のデータを自動で取得する場合はこのメニューで設定を行います。
※入出金明細データをファイルで受け入れる場合はこのメニューの設定は必要ありません。

①【法人情報】-【取引銀行】-【連携金融機関】メニューを選択します。Webブラウザが起動し、連携金融機関の画面が立ち上がります。

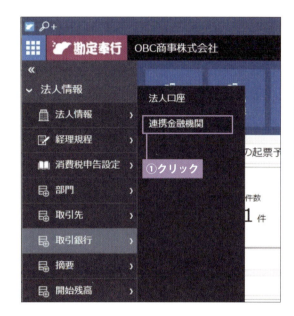

②利用可能な金融機関が表示されます。自社で契約しているインターネットバンキングの金融機関連携先を選択してご利用ください。

③金融機関との連携が行われますと、入出金明細データを自動で取得して、【銀行入出金明細入力】メニューで仕訳伝票を登録することができるようになります(詳細はP113)。

Part 3 【導入時】基本データの登録

Reference

参考　例）三菱UFJ銀行と連携する場合

三菱ＵＦＪ銀行のBizSTATION APIサービスを活用します。
※別途金融機関とのインターネットバンキングの契約が必要です。

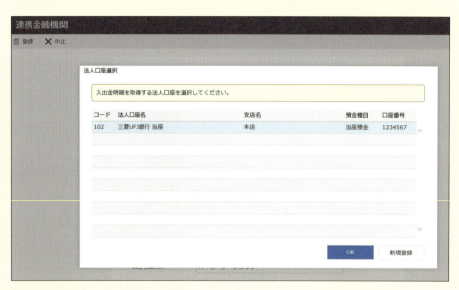

[新規登録]ボタンをクリックすると、新規の連携先口座を登録することができます。

Chapter 11

摘要の情報を登録する

伝票入力時に頻繁に入力する摘要の情報を登録します。

[取引入力] の各メニューでその都度摘要を直接入力することもできますが、頻繁に使用する摘要をあらかじめ登録しておくことで、入力する手間を省くことができます。

①【法人情報】-【摘要】-【摘要】メニューを選択します。

②コード、摘要内容を入力します。インデックスは自動で入力されます。

③すべての入力が完了したら、【F12 登録】ボタンをクリックします。確認メッセージが表示されますので、【OK】ボタンをクリックします。

ここがPOINT♪

摘要は、導入前に必ず登録しておく必要はありません。運用を開始した後、必要に応じて随時登録することをおすすめします。

Part 3 【導入時】基本データの登録

予約仕訳や定型仕訳時に便利な代入摘要という機能があります。
代入摘要とは、摘要の中に代入項目を入れることで、仕訳伝票を入力時に、入力した伝票の内容に応じた文言が自動的に摘要に代入される機能のことです。

家賃支払の代入摘要例について説明します。

《運用例：支払家賃の摘要の登録》

新規摘要登録時に、家賃代として以下を入力します。

支払家賃の起票時は、翌月分の家賃分となるため、
摘要欄には「[@ 年月（翌月）] 分家賃代」と入力します。

＜入力方法＞
①【F4 代入項目】ボタンを押して、代入項目「年月（翌月）」を選択します。
②摘要内容欄に [@ 年月（翌月）] と表示されますので、続けて「分家賃代」と入力します。

このように登録しておくことで、仕訳伝票入力時に自動的に伝票日付の翌月が摘要に代入されて登録できるので非常に便利です。是非活用していきましょう。

Chapter 12 開始残高を登録する

「勘定奉行クラウド」を導入する際の開始残高を入力していきます。開始残高は、仕訳伝票を入力後に登録しても大丈夫です。

初めて勘定奉行クラウドで仕訳を入力する前に、開始残高を登録します。勘定奉行クラウドでは期首の開始残高だけでなく、期中からシステムを導入した場合の期中取引高も登録することができます。事前に内容の確認を行ってから、登録すると良いでしょう。
前期末の合計残高試算表の貸借対照表などを見ながら入力をしていきます。

開始残高を登録する前に確認すること

残高の登録は、会社データをどのように管理していくのかによって、様々なパターンが考えられます。開始残高を入力する前に、以下の2点を必ず確認しましょう。

▶ 各マスターを登録しているかどうか？

補助科目や、部門・取引先ごとに金額を管理していく場合は、開始残高も各マスターごとに入力する必要があります。
事前に各マスターの登録を終わらせましょう。

▶ 期中から導入を開始するか（期中導入か）どうか？

事業年度の途中から「勘定奉行クラウド」を利用し始める場合、いつ時点の残高を登録するか、運用によっていくつかの登録方法があります。
詳細は、P79「期中導入の場合」をご参照ください。

開始残高を登録する流れ

▶ 期首残高を登録する

【開始残高】メニューで、期首時点の残高を入力していきます。

1 全社または部門ごとの期首残高を入力する

前期末の合計残高試算表の貸借対照表を見ながら、勘定科目・補助科目ごとに残高を入力します。
部門ごとに管理している勘定科目がある場合は部門ごとに入力していくことで、自動的に全社合計が計算されます。

2 取引先ごとに内訳金額を入力する

取引先ごとに勘定科目(売掛金や買掛金)の内訳を管理する場合は①で入力した金額を、取引先ごとに振り分けます。
※取引先ごとに管理しない場合は必要ありません。

▶ 期中の発生金額を登録する ※期中導入の場合のみ

期中導入の場合、期首〜導入月までの金額を「勘定奉行クラウド」でどこまで管理したいかによって、登録方法が異なります。詳細はP79「期中導入の場合」をご確認ください。

3 期中の発生金額を登録する

期中に発生した金額を、各月ごとに入力していくことで、期首〜勘定奉行クラウドの導入月までの期間においても合計残高試算表や推移表などを確認することが可能です。

期中導入の場合

事業年度の途中から「勘定奉行クラウド」を使い始める(期中導入の)場合に、必要な作業について説明します。

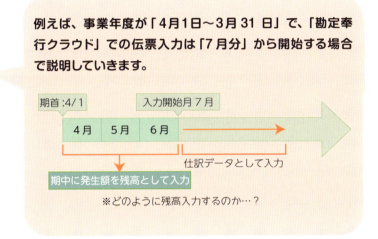

▶ 事前設定

期中導入の場合は、事前に【経理規程】-【経理業務設定】メニューの「基本」ページで、伝票入力開始日を「20XX 年 7 月 1 日」に設定します。

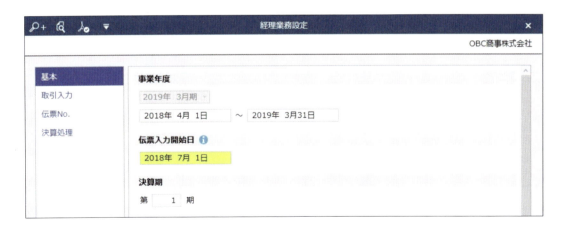

Part 3 【導入時】基本データの登録

次に、以下の2つのどちらで運用したいかを決める必要があります。

1　4月～6月の合計残高試算表や集計表・推移表を出力しなくても良い場合

今期は「決算報告書」さえ出せれば良く、4月～6月までの合計残高試算表などは、以前の会計システムで出力すれば良い場合です。このような場合は以下の方法で6月末時点の残高を入力します。

≪登録方法≫
【開始残高】メニューで、6月末時点の貸借対照表、損益計算書の残高を入力します。

2　4月～6月の合計残高試算表や集計表・推移表を出力したい場合

4月～6月までの合計残高試算表や、その他の管理資料を「勘定奉行クラウド」で出力したい場合です。この場合は、4月～6月までの各月の発生金額を別途入力していく必要があります。

≪登録方法≫
①【開始残高】メニューで、貸借対照表の期首残高を入力します。

②【導入処理】-【開始残高】-【導入前実績金額】メニューで、4月～6月の発生金額を入力します。
⇒ [導入前実績金額登録]の詳細は次ページをご確認ください

注意　消費税申告書を出力したい場合

上記の2つのパターンで導入した場合は、「勘定奉行クラウド」から消費税申告書を出力することはできません。
期中導入した年度から消費税申告書を「勘定奉行クラウド」から出力したい場合は、4月～6月分も【仕訳伝票入力】メニューに登録する必要があります。

※この場合は、期首導入と同じ扱いになりますので、【経理規程】-【経理業務設定】メニューの「基本」ページで、伝票入力開始日は「20XX年4月1日」に設定します。

Chapter 13 導入前実績金額を登録する

勘定奉行クラウドを導入する前の過去5年間の実績金額を登録します。また、期中導入の場合は、伝票入力開始日よりも前の期間について科目ごとの発生金額をまとめて登録します。

以下のいずれかに該当している場合のみ、このメニューを利用します。

【期首導入時】・・・過去の実績金額との比較を行う場合

【期中導入時】・・・期首～伝票入力開始日の期間の発生金額を入力する場合
　　　　　　　　　過去の実績金額との比較を行う場合

入力方法

ここでは、期中導入の場合に、期首（4/1）～伝票入力開始日（7/1）までの3ヵ月間の発生金額を登録する方法を例に説明していきます。

① 【法人情報】-【開始残高】-【導入前実績金額】メニューを選択します。

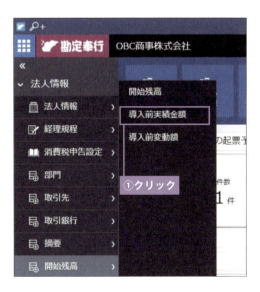

② 「条件設定」画面が表示されます。入力月は「4月」を選択し、【画面】ボタンをクリックします。

※ **部門集計表などを出力したい場合は、「部門別に入力する」にチェックをつけます。**

③ 該当する月の発生金額を入力する画面が表示されます。
借方・貸方別に発生金額の総額を入力していきます。

④ ひと月分の入力が終了したら、画面上部の右矢印ボタンをクリックし、続いて、5月の発生金額の入力を行います。

⑤ 仕訳入力開始月以前のすべての月の入力操作が終了したら、【F12 閉じる】ボタンをクリックして画面を閉じます。

Chapter13　導入前実績金額を登録する

ここまでで導入の設定は完了です！
導入後に設定を見直したくなった場合や、不明点が出てきた場合なども都度【Part3】を確認してください♪

それでは【Part4】からは最も重要な日々の仕訳の起票について説明していきます。

Part
3

Part 4

【日々の業務】
仕訳伝票の起票

Chapter 1　＜前提知識＞仕訳伝票の入力について
Chapter 2　仕訳伝票入力
Chapter 3　予約仕訳伝票入力
Chapter 4　領収書入力
Chapter 5　銀行入出金明細入力
Chapter 6　仕訳伝票データ受入
Chapter 7　帳簿入力
Chapter 8　取引入力補助

Part 4 【日々の業務】仕訳伝票の起票

＜前提知識＞仕訳伝票の入力について

「勘定奉行クラウド」では様々な仕訳伝票の起票方法を用意しています。ここではどのような起票方法があるかを確認していきましょう。

 ## 取引入力とは

経理の業務として最も重要なのは、やはり毎日膨大な仕訳を入力する業務です。
より効率的かつ正確に日々の取引を入力するために、「勘定奉行クラウド」は、用途に応じた様々な種類の入力メニューを用意しています。
自分に合う仕訳の入力方法を見つけて日々の作業を効率的に行うようにしましょう！

 ## 入力方法の種類と特徴

それでは各メニューの特徴を見ていきましょう。特に【取引入力】の中の各メニューは、利用用途がはっきりしているので、使わないメニューもあると思います。それぞれの特徴は下記の表をご覧ください。

取引入力	予約仕訳伝票入力	あらかじめ起票内容が決まっている定期的な取引（家賃の支払いなど）を予約登録でき、予約日にワンクリックで起票できます。	詳細 P104～
	業務連携入力	他の奉行クラウド製品（給与奉行クラウドなど）やAPIで他システムと直接データを連携する際に利用します。	
	領収書入力	領収書の画像データをアップロードすることで、領収書データを見ながら簡単に起票を行うことができます。	詳細 P110～
	銀行入出金明細入力	自社の契約している金融機関のネットバンキングから入出金明細データを受け入れることで自動起票することができます。	詳細 P113～
	仕訳伝票データ受入	他システムからCSVファイルで仕訳伝票を起票する際に利用します。一括で大量データを登録する際に便利です。	詳細 P120～

Chapter 1 ＜前提知識＞仕訳伝票の入力について

帳簿入力	各メニュー	家計簿のような形で入力していく起票方法です。	詳細 P125〜
仕訳伝票入力		最も一般的な仕訳の入力方法です。 [取引入力]や[帳簿入力]の各メニューで入力した内容もすべて当メニューに集約されます。	詳細 P88〜

どの方法で入力すれば良いのか？

まずは、今まで使われていた会計ソフトの入力方法と近い入力方法を探して試しましょう。
慣れてきたら、あらかじめ起票が決まっている内容を予約できる【予約仕訳伝票入力】など、【取引入力】内の各メニューを利用していくと、より効率的に日々の起票業務が行えるようになるかもしれません。

ポイントは、どの入力方法で起票しても、最終的には【仕訳伝票入力】メニューにデータが集約されるということです。したがって用途に応じて複数のメニューを使って起票しても、確認作業や修正作業は【仕訳伝票入力】メニューで行うことが可能です！

各メニューで登録した取引内容は[仕訳伝票入力]メニューに集約されます。

元帳など管理資料

管理資料で日々の取引内容の金額のつけ合わせを行い、修正したい内容は管理資料メニューから直接ジャンプして内容の修正を行うことができます。

[取引入力]の各メニューで登録した内容を様々な条件で検索し、修正することができます。

次ページ以降、各メニューの詳細な使い方を説明していきます♪

Part 4 【日々の業務】仕訳伝票の起票

Chapter 2 仕訳伝票入力

最も一般的な仕訳伝票の入力方法です。その他のメニューで起票した内容も、全て当メニューに集約されます。

【仕訳伝票入力】メニューでは、伝票形式で仕訳の入力を行います。伝票1枚につき9,999行の明細を入力することができます。ショートカットキーや、入力候補の検索機能など、より早く正確に伝票の入力を行うことができるようになります。

メイン画面の構成

【仕訳伝票入力】メニューの入力画面の構成を確認しましょう。

図の中の番号は、右ページの表番号と対応しています。

088

前ページのメイン画面構成の詳細を説明します。

①	画面モード	開いた状態では、[新規]モードとなり、新規に仕訳を入力する状態になっています。この他に[修正][参照][複写][反対仕訳]のモードがあります。
②	整理仕訳	開いた状態では、[日常仕訳]モードとなり、日々の取引内容を起票する状態になっています。 決算時特有の振戻仕訳などを日常の仕訳とは区別して仕訳を登録する場合は、ここをクリックして[振戻仕訳]または[整理仕訳]に変更します（②は【経理業務設定】メニューで「整理仕訳」を「日常仕訳と区別する」を選択している場合のみ表示されます。詳細は、P46をご確認ください）。
③	伝票日付	仕訳の日付を入力します。仕訳伝票の日付がロックされている期間は指定できません。
④	伝票No.	伝票No.が表示されます（【経理業務設定】メニューの[伝票No.]ページの設定に基づいて付番されます。詳細は、P48をご確認ください）。
⑤	登録データ件数	現在の事業年度で登録されている仕訳伝票の件数と、明細件数が表示されます。
⑥	明細欄	取引の内容を入力する場所です。明細欄は「貸方」と「借方」「摘要」欄に分かれます。1明細の中に、「勘定科目」「取引金額」を入力していきます。その他のマスターとして、「補助科目」「部門」「取引先」マスターを指定できます。

Part 4 【日々の業務】仕訳伝票の起票

仕訳伝票を入力する

実際に仕訳伝票の入力方法を説明します。
下記の仕訳を入力してみましょう。

以下の伝票を入力してみましょう！

借方	金額	貸方	金額	摘要
[110] 当座預金 （三井住友銀行）	175,000	[135] 売掛金	175,000	4月売上分

①伝票日付を入力します。

② [Enter] キーで、明細行にカーソルを移動させて、部門は [000：その他] 勘定科目欄は [110：当座預金] を入力します。
※コードやローマ字、ひらがなで入力すると候補が表示されます！[space] キーで検索画面も表示できます。

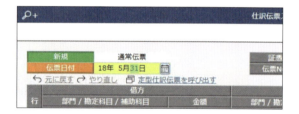

③補助科目に [三井住友銀行] を指定し、金額を入力します。
※キーボードの「/」を押すことで、"0" が3桁分入力できます。「175」と入力した後に「/」を押してみましょう！

Chapter 2　仕訳伝票入力

④同様に、貸方の内容を入力していきます。

※貸方の金額欄でキーボードの「+」を押してみましょう！「+」を押すことで、借方で入力した金額をコピーしますので金額の打ち間違いを防止できます。

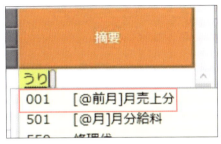

⑤摘要欄に「4月売上分」を入力します。あらかじめ[摘要]マスターで、「[@前月]月売上分」と登録しておくことで、都度入力する手間を省けます。

※直接入力したい場合は、摘要欄で[Enter]キーを押すことで入力モードになります。

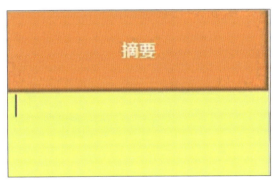

⑥[F12：終了]ボタンをクリックし、最後に[F12：登録]ボタンをクリックして、登録が完了です。

Part 4 【日々の業務】仕訳伝票の起票

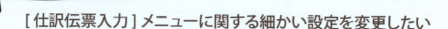
ここがPOINT♪

[仕訳伝票入力]メニューに関する細かい設定を変更したい

初期表示される伝票日付の設定を変更したい場合や、フォーカスの移動順序を変更したいといった[仕訳伝票入力]メニューに関する細かい設定については、以下の手順で変更することができます。

＜手順＞
① [仕訳伝票入力]メニューを起動する。
② 【F3：設定】ボタンをクリックする。

効率的に入力する便利機能！

勘定奉行クラウドでは、仕訳伝票の入力業務を効率的に行うために多くの便利機能を用意しています。初めは慣れないかもしれませんが、使っていくうちに慣れますので是非活用しましょう。

 キーボード入力機能（特定の項目をすはやく入力♪）

明細の内容を入力中に使えるキーボードの操作です。

項目名	キー	操作
マスターのコード欄 （部門・勘定科目・摘要など）	[+] キー	上段の明細行で入力した内容をコピーする
金額欄	[+] キー	借方（貸方）金額をコピーする
	[/] キー [,] キー	"000"を入力する
	[*] キー	貸借差額をコピーする
摘要内容欄	[Shift] キー ＋ [Enter] キー	摘要を改行する
	[Esc] キー	摘要コード欄に移動
伝票部門コード欄	[Esc] キー	画面に表示している伝票だけ、部門を勘定科目ごとに指定する

ここがPOINT♪

特に、上から2つめの、「金額欄にカーソルを入れて [+] キーを押すことで金額をコピーする」機能と、上から3つめの「[/] キーを押すことで「"000"」を入力する機能」は、大変便利です♪
是非お使いください！

Part 4 【日々の業務】仕訳伝票の起票

▶ キーボード入力機能（その他の機能）

Excelのような操作感覚でショートカットキーを使ってキーボードだけで様々な処理を行うことができます。

●いずれかの項目を入力している状態

キー	操作
[Ctrl] + [Z] キー	1つ前の操作に戻す
[Ctrl] + [Y] キー	戻した操作を取り消す
[Ctrl] + [↓] キー	1つ下の入力済み明細行に移動
[Ctrl] + [End] キー	入力済み明細行の最下行に移動
[Ctrl] + [↑] キー	1つ上の入力済み明細行に移動
[Ctrl] + [Home] キー	最上行に移動
[Ctrl] + [A] キー	全選択
[Esc] キー	入力している項目の明細行を選択

ここが POINT♪

入力中に間違えて消してしまった場合などには、[Ctrl]+[Z] キーを押すことで1つ前の操作に戻れます！
キーボード操作に慣れていない方は、画面左上の [元に戻す] をクリックすることで、同じ操作が可能です♪

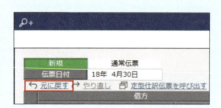

Chapter 2　仕訳伝票入力

▶ 入力内容をすばやく検索！　予測候補表示機能

勘定科目や補助科目、部門など、入力したい内容のコードが分からない場合に、コードを入力する欄から検索を行うことができます。この機能は【仕訳伝票入力】メニューに限らず全メニューのコード入力欄で利用することができます。

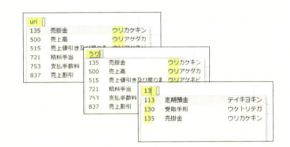

コード、名称、インデックスのどこかに一部一致している項目が候補として表示されます。

検索は、「ローマ字」「ひらがな」「コード」から可能です！

コード欄で [space] キーをクリックすることで、検索画面が表示されます。
この方法で探して指定することもできます♪

Part 4 【日々の業務】仕訳伝票の起票

▶ 行番号をマウスでクリック

明細行の番号の部分をマウスでクリックすると、行のコピーや削除などを簡単に行うことができます。

例）1行目をコピーして2行目に貼り付けたい場合

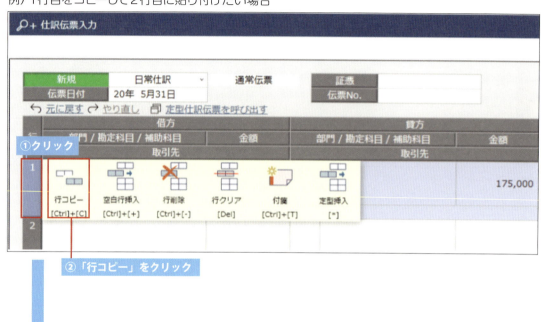

①クリック
②「行コピー」をクリック

③クリック
④「行貼り付け」をクリック

Chapter 2 仕訳伝票入力

キーボードを使って同じ操作を行うこともできます！

●明細行を選択している状態

キー	操作
[Ctrl] + [X] キー	切り取り
[Ctrl] + [C] キー	コピー
[Ctrl] + [V] キー	貼り付け
[Delete] キー	行クリア
[Ctrl] + [+] キー	空白行挿入
	コピー挿入（切り取り／コピー後）
[Ctrl] + [-] キー	行削除
[Ctrl] + [T] キー	付箋

仕訳のテンプレートを呼び出す

頻繁に入力する伝票や定期的に発生する取引、決算時に発生する忘れがちな伝票などを、定型仕訳伝票（仕訳伝票のテンプレート）として登録しておきます。
登録した定型仕訳伝票を取引入力時に呼び出すことで、入力の手間が各段に省けます。

参 考

定型仕訳伝票（仕訳伝票のテンプレート）の登録方法は、P129「定型仕訳伝票の登録方法」をご参照ください。

Part 4 【日々の業務】仕訳伝票の起票

▶ スポット的に消費税区分を変更したい

いつもは課税の取引として入力しているが、今回のみスポット的に非課税の取引として入力したい場合などに、入力している明細ごとに消費税区分を切り替えることが可能です。
金額欄にカーソルがある状態で[F4：消費税区分]ボタンをクリックして切り替えましょう！

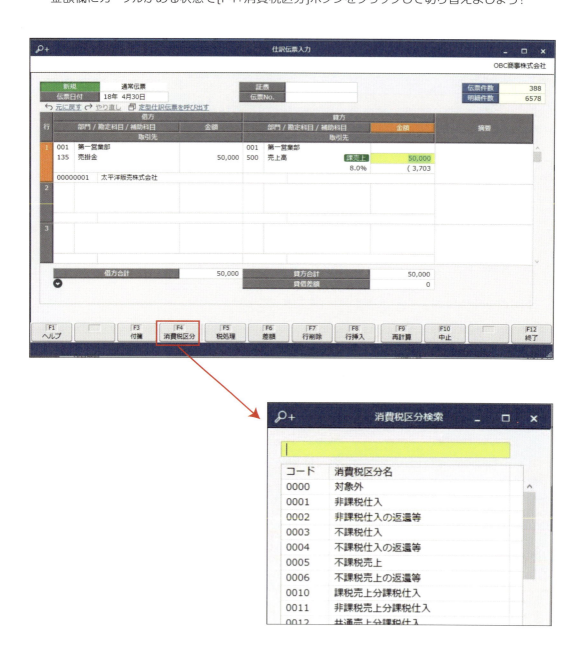

Chapter 2 仕訳伝票入力

登録した仕訳伝票を編集する (検索・修正・複写・削除・反対仕訳)

登録した仕訳伝票の修正や複写、反対仕訳を登録したい場合の操作方法を確認しましょう!

▶ 伝票の検索を行う

伝票の修正や複写などを行う場合も、まずは元となる伝票の検索を行う必要があります。

① 【仕訳伝票入力】メニューを起動して [F8:伝票検索] ボタンをクリックします。

② [検索条件設定] 画面で、検索したい条件で絞り込み、[画面] ボタンをクリックします。
※ 伝票日付や、勘定科目、付箋など様々な内容で絞り込みを行うことができます。

③ 検索結果が画面に表示されます。

参考　検索した結果、対象が複数伝票ある場合

検索した結果、対象が複数伝票ある場合は画面の右下に件数が表示されます。
件数をクリックすると、[検索結果リスト]画面が表示され、確認したい内容を選択することで、仕訳伝票入力の画面が切り替わります。

Part 4

099

Part 4 【日々の業務】仕訳伝票の起票

【元帳】メニューや、【仕訳帳】メニューから該当の仕訳伝票を探すこ
とも可能です♪　詳細は、P138「元帳」P136「仕訳帳」をご参照くだ
さい。

▶ 伝票の修正・複写・削除・反対仕訳の登録を行う

対象の伝票を表示させて、以下のファンクションボタンをクリックすることで、修正や複写などの操作を行うことができます。

	説明
[F6]複写	画面に表示されている伝票の内容を複写（コピー）して、伝票が新規に表示されますので、日付や金額など複写元と異なる部分だけ修正して登録することができます。
[F7]削除	画面に表示されている伝票を削除できます。
[F8]反対仕訳	画面に表示されている伝票内容の貸借が逆となる仕訳伝票が、新規に表示され、[登録]ボタンをクリックするだけで、反対仕訳伝票を登録できます。 もし、同時に正しい仕訳を入力する場合は、必要に応じて明細内容を追加して登録することも可能です。
[F9]修正	画面に表示されている伝票を修正することができます。

仕訳伝票を印刷する

登録した仕訳伝票のデータを紙に印刷することができます。仕訳リストとして出力し、社内保管を行う場合に利用します。

1日の仕訳伝票の入力業務が完了したタイミングで、
1日の登録分を仕訳リストに簡単に印刷できる方法をご案内します♪

①メインメニューのダッシュボードから【自己入力分】をクリックします。

②【仕訳帳】メニューが表示されます。その日に自身が登録した仕訳伝票データが自動的に集計されていますので、内容を確認します。

Part 4 【日々の業務】仕訳伝票の起票

③画面左上の[奉行クイックコマンド]で、プレビューボタンをクリックします。

④プレビュー画面で問題なければ、プリンタを確認の上、[印刷]ボタンをクリックして印刷します。

参 考　仕訳伝票の印刷形式について

仕訳伝票の印刷は以下の形式で印刷できます。

＜仕訳帳形式（標準）＞

＜仕訳帳形式（簡易）＞

＜仕訳伝票形式＞

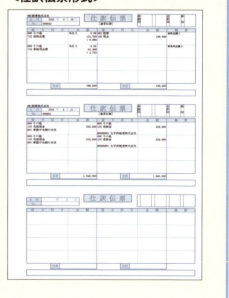

Chapter 2 仕訳伝票入力

印刷の形式やプリンタの設定を変更したい場合は、以下の手順で設定します。なお、一度設定して印刷すれば、前回の印刷条件を覚えますので、次回からは都度、印刷条件設定を設定する必要はありません♪

①【仕訳帳】メニューの画面左上の [奉行クイックコマンド] で印刷条件設定をクリックします。

②印刷条件設定の画面が表示されるので、用紙種類や形式、出力内容などを設定して印刷します。

Part 4 【日々の業務】仕訳伝票の起票

Chapter 3 予約仕訳伝票入力

定期的に発生する取引の仕訳伝票を忘れずに、簡単に起票できる【予約仕訳伝票】メニューについて記載していきます。

予約仕訳伝票入力とは？

定期的に発生する取引を予約しておくことで、予約日になるとダッシュボードの「起票予定の総件数」に件数が表示され、忘れずに登録することができます。

実行済みの作業や未処理の作業など、起票の状態も把握することができるため、定期的に起票が必要な仕訳や忘れずに入力したい仕訳の管理に便利です。

参 考　予約仕訳伝票入力の利用例

例えば以下のような取引に利用できます♪

家賃の支払　／　水道光熱費　／　リース料の支払　／　給与支払

予約から起票までの流れ

【事前準備】定期的に発生する取引を予約する

【予約当日以降〜】予約内容を起票する

Chapter 3　予約仕訳伝票入力

【事前準備】　定期的に発生する取引を予約する

それでは実際に、具体例をもとに予約機能を使ってみましょう！

水道光熱費の支払い（毎月5日に前月分を支払う）の取引を登録していきます。

借方	金額	貸方	金額	摘要
[744] 水道光熱費	-	[111] 普通預金	-	前月分水道料

①ダッシュボードの「○○までの起票予定」画面の【予約仕訳伝票の確認】をクリックします。

②「仕訳伝票予約」画面が表示されます。予約したい日付にカーソルを近づけて、[＋] ボタンをクリックします。

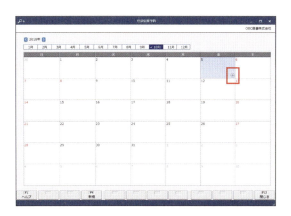

Part 4 【日々の業務】仕訳伝票の起票

③【仕訳伝票予約】の画面が表示されます
画面左側で、以下の情報を入力します。

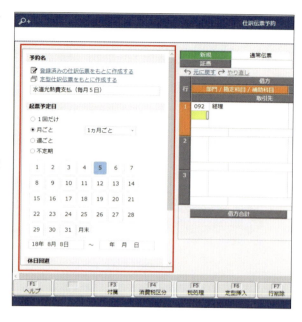

＜予約名＞
分かりやすい任意の名前を入力します。

＜起票予定日＞
どの頻度で発生するかを指定します。
今回は毎月5日に発生する水道光熱費の支払いなので、「月ごと（1ヵ月ごと）」でカレンダーでは「5日」を青く選択した状態にします。

＜休日回避＞
もし予約日が休日だった場合に、予約日の前日・翌日のどちらに起票するかを選します。

＜入力担当者＞
もし複数人で「勘定奉行クラウド」を利用する場合は、別の業務担当者を指定することで、起票できる担当者を増やすことができます。

④画面右側には、起票する仕訳内容を入力します。水道光熱費は毎月金額が異なるので、予約するタイミングでは「未指定」の状態にしておきます。

⑤ [F12: 登録] ボタンで予約を登録します。

Chapter 3　予約仕訳伝票入力

取引を予約する方法は複数あります！

①【仕訳帳】メニューで登録内容をもとに予約する！

【会計帳票】-【仕訳帳】メニューから、すでに登録されている伝票を呼び出し、予約仕訳伝票の登録をすることができます。
伝票の右上「≡」→「予約仕訳伝票として登録」をクリックすると[仕訳伝票予約]メニューにジャンプするため、続けて予約仕訳伝票の登録を行うことが可能です。

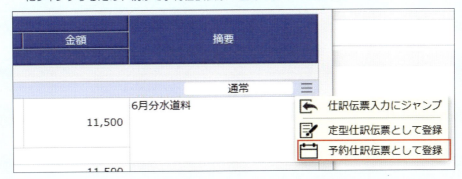

②【仕訳伝票入力】メニューで登録内容をもとに予約する！

【取引入力】-【仕訳伝票入力】メニューから、すでに登録されている伝票を呼び出し、予約仕訳伝票の登録をすることができます。
画面の左上「予約仕訳伝票として登録」をクリックして予約します。

日々、登録内容を確認する時に、定期的に発生する取引に気づいたタイミングで、その内容を簡単に予約登録できて便利ですね♪
どんどん活用しましょう！

Part 4 【日々の業務】仕訳伝票の起票

【予約当日以降～】 予約内容を起票する

予約日を迎えた場合に、どのように起票するのか確認しましょう！

予約登録していた水道光熱費の支払日がやってきました。
予約内容を確認して起票しましょう。

①予約日になると、ダッシュボードの「○○までの起票予定」画面に「予約仕訳伝票」の件数が表示されます。「起票予定の総件数」をクリックします。

②予約内容が表示されますので、金額だけ入力して [F12：確定] ボタンをクリックして起票が完了です。

※摘要欄には、予約登録の時に代入摘要で [@前月] と登録しておいたので、自動的に伝票日付の前月が表示されていることが分かります（代入摘要についての詳細は、P76 を確認してください）。

Chapter 3　予約仕訳伝票入力

【仕訳伝票予約】メニューを開くと、起票済みの予約内容は、✅ マークが表示されているので、正しく起票しているかを確認したい場合も分かりやすいです♪

Part 4 【日々の業務】仕訳伝票の起票

領収書入力

画面上で領収書を見ながら伝票を入力することができる【領収書入力】メニューについて説明します。

日々発生する領収書をデータ化してアップロードすることで、領収書の画像を見ながら簡単に伝票を起票することが可能です。
また、支払先ごとに取引内容をシステムが学習していきますので、都度同じ仕訳内容を入力する必要がなく、効率的に起票することができます。

領収書入力の流れ

① 領収書のデータ化
領収書をデータ化して PC に保存します。データ化する方法は、スキャナを使用して領収書をスキャンするか、スマートフォンやデジタルカメラで撮影します。

② データのアップロード
PC に保存した領収書のデータをクラウド上にアップロードします。【領収書入力】メニューから簡単にアップロードすることができます。

③ 伝票の入力
【領収書入力】メニューで、取引内容を入力します。

④ 入力内容の確認
【元帳】メニューで、入力した伝票の内容を確認します。領収書の画像ファイルと登録内容をセットで表示することが可能です。

アップロードできる領収書データについて

アップロードできるサイズの制限とファイルの拡張子は以下の通りです。

ファイルの種類	上限サイズ	拡張子
PDFファイル	10MB	.pdf
画像ファイル	—	.jpg
		.jpeg
		.png
		.gif
		.tiff

ここがPOINT♪

複数ページのPDFファイルもアップロードすることが可能です。ページごとの領収書画像が表示されるので、1枚ずつ領収書を画面で見ながら入力することができます。また、PDFファイルのページ数が件数に含まれるため、入力対象の領収書件数も正確に把握することが可能です。

領収書入力の登録の流れ

① 【取引入力】-【取引入力】-【領収書入力】メニューを選択します。

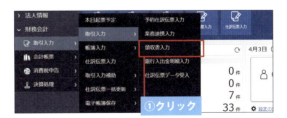

Part 4 【日々の業務】仕訳伝票の起票

② PC に保存している領収書のデータをドラッグ＆ドロップでアップロードします。

②ドラッグ＆ドロップ

③ 画面左側で選択している領収書が右画面に拡大表示されます。表示されている領収書を見ながら、日付や金額、支払先など仕訳の内容を入力していきます。

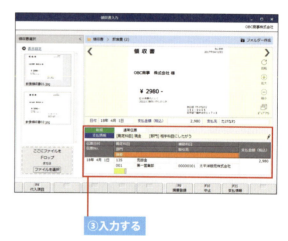
③入力する

④ [Enter] キーで進めていくと登録が完了します。

Reference

参 考　電子帳簿保存法の対応について

『勘定奉行クラウド』は、電子帳簿保存法のスキャナ保存制度に対応しています。別途『証憑保管アセンブリ』をご購入いただくことで、タイムスタンプの付与から履歴管理まですべての要件に対応しています。

Chapter 5 銀行入出金明細入力

自社の契約している金融機関の入出金明細データから自動起票するメニューです。

EB製品やインターネットバンキングから取得した入出金明細データを受け入れ、その情報をもとに伝票を入力します。【元帳】メニューでは、起票した伝票内容と入出金明細データをセットで確認できるため、金額との突合せも簡単に行うことができます。

金融機関との連携方法について

入出金明細データを「勘定奉行クラウド」に受け入れる方法は2つあります。

1 自動で入出金明細データを取得する方法

API連携に対応しているサービスをご利用いただいている場合は、連携することで「勘定奉行クラウド」に入出金明細データを自動取得でき、そこから簡単に起票を行うことができます。

＜対応している金融機関のAPIサービス＞

三菱UFJ銀行	BizSTATION APIサービス
三井住友銀行	パソコンバンクWeb21 外部連携サービス

MoneyLookサービス

MoneyLookサービスとのAPI連携を行うことによって、約1,200行の金融機関とつながり、仕訳の起票までを自動化できます。

2 入出金明細データのファイルを受け入れる方法

インターネットバンキングからダウンロードした入出金明細データのファイルを受け入れて自動起票を行うことができます。

＜受入可能な入出金明細ファイルの形式一覧＞

ANSER形式	ANSER-APIファイル形式(タブ区切り)のフォーマットに準拠したファイル形式です。 「取引照会」の照会結果を取得できます。 ※1年以上前の照会結果を受け入れると、正しい日付で取得できない可能性があります。
全銀形式	全国銀行協会(全銀協)制定フォーマットに準拠したファイル形式です。 「入出金取引明細」「振込入金明細」の照会結果を取得できます。
BizSTATION形式	BizSTATION(三菱東京UFJ銀行の法人向けインターネットバンキング)から「CSV形式」で出力したファイル形式です。 「全明細」「入金明細」「支払明細」「振込入金明細」の照会結果を取得できます。 ※「テキスト形式」で出力したファイル形式は取得できません。 ※ APIサービスと連携して明細を自動取得する場合は使用しません。

【事前準備】 取引銀行の口座を登録する

【銀行入出金明細入力】メニューで仕訳の自動起票を行う前に、自社の金融機関を登録しておく必要があります。

①【法人情報】-【取引銀行】-【法人口座】メニューで、契約している金融機関の口座情報を登録します(P72参照)。

②自動で入出金明細データを取得する方法の場合は、さらに【法人情報】-【取引銀行】-【連携金融機関】メニューで金融機関と連携するための情報を登録します(P73参照)。

Chapter 5　銀行入出金明細入力

銀行入出金明細データから起票するまでの流れ

それでは銀行入出金明細データを受け入れた場合にどのように起票するのか確認しましょう！

① 【取引入力】-【取引入力】-【銀行入出金明細入力】メニューを選択します。

② 画面左から、銀行入出金明細データを受け入れる法人口座を選択します。

③ 初回のメニュー起動時は、科目設定の画面が表示されます。ここで法人口座の勘定科目を指定します。
　※自社の契約している銀行が複数ある場合は、補助科目を銀行ごとに指定することで、管理資料で銀行ごとに残高や発生額を確認できます。

Part 4

115

④インターネットバンキングから取得した入出金明細データを受け入れます。ファイルで受け入れる場合は、【ファイルを選択】ボタンをクリックして、入出金明細データのファイルを指定して【実行】ボタンをクリックします。

参考　API連携で自動取得する場合

API連携で銀行入出金明細データを自動取得する場合は、④の手順（ファイル受入）を行う必要がありません。自動的に⑤の状態になります。

⑤受け入れが完了すると画面に受け入れたデータが表示されます。この画面では7件の明細データが受け入れられています。

⑥画面上部に明細データの詳細が表示されますので、内容を確認しながら入出金明細データごとに仕訳内容を入力します。あらかじめ日付・金額欄は入出金明細データをもとに自動入力されていますので、科目を指定していきます。

【Enter】キーで進めていくことで、次の明細データの入力に自動で進んでいきます。

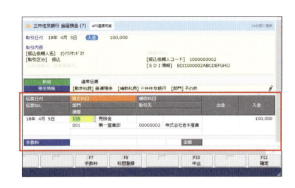

⑦内容を入力し、起票できる状態になると、画面左の明細データ欄に ☑ が入っていきます。

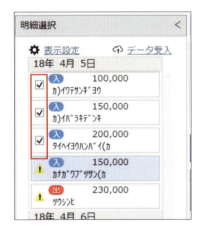

⑧すべて入力が完了したら【一括登録】ボタンをクリックします。

Part 4 【日々の業務】仕訳伝票の起票

⑨起票が完了すると、緑色のチェックマークがつきます。

ここがPOINT♪

学習機能で入力作業が不要に！

入出金明細データの取引内容ごとに仕訳の入力内容を学習していきます。
同じ振込先や振込元からの入金があった場合、2回目以降は、学習した仕訳伝票の内容を自動で画面に表示しますので、何も入力することなく自動起票していくことができ非常に効率的です♪

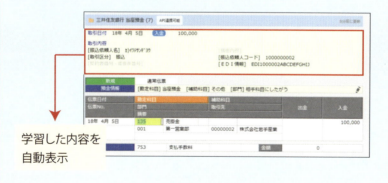

学習した内容を自動表示

Chapter 5　銀行入出金明細入力

ここがPOINT♪

ダッシュボードから起票する

銀行入出金明細データは、ダッシュボード上にある「○○までの起票予定」からも起票できます。API連携をしている場合は、自動取得されたタイミングでここに件数が表示されるので、気づいたタイミングですぐに起票できます！

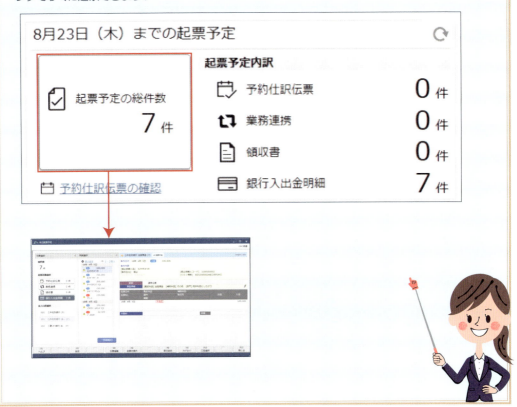

Part 4 【日々の業務】仕訳伝票の起票

Chapter 6 仕訳伝票データ受入

CSVファイルで仕訳伝票データを一括で受け入れる方法を記載していきます。

【仕訳伝票データ受入】メニューとは？

CSVファイルで仕訳伝票データを「勘定奉行クラウド」に受け入れることで、一括で大量のデータを登録することができます。他システムから仕訳伝票データを受け入れる場合に利用します。

データ受入の2つの受入方法

1 独自の形式を指定して受け入れる

受入元のCSVファイルの各列の項目と、当システムの項目を関連付けてから受け入れる方法です。一度、関連付けておけば、次回以降は関連付け設定は不要のため、定期的に受け入れるデータの際に便利です。

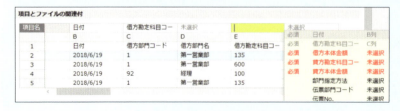

【仕訳伝票データ受入】メニューでCSVファイルの項目名を関連付けます。この作業は一度関連付けておくことで次回以降は設定の必要はありません。

Chapter 6 仕訳伝票データ受入

2 勘定奉行クラウドで用意されている形式にあわせて受け入れる

受入元のCSVファイルの1行目に、当サービスで項目ごとに用意している受入記号を記入してから受け入れる方法です。
当メニューで項目の紐づけ作業を行うことなく受け入れを行うことができます。

受け入れるデータ

	A	B	C	D	E
	勘定奉行クラウドに受け入れるための記号				
1	GL0010000	GL0010001	GL0012001	GL0012002	GL0012003
2	*		2018/6/19	1	135
3			2018/6/19	1	600
4			2018/6/19	92	100	1
5			2018/6/19	1	135

参考　データ受入形式一覧表（OBC受入形式）について

勘定奉行クラウドの受入形式の詳細は、勘定奉行クラウドのヘルプからダウンロードしてご確認いただくことができます。

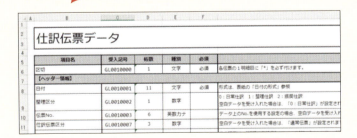

Part 4

121

Part 4 【日々の業務】仕訳伝票の起票

データ受入の手順

ここでは、独自形式でのデータ受入手順を解説します。事前に他システムから出力した受入処理用データをご準備ください。

①【取引入力】-【取引入力】-【仕訳伝票データ受入】メニューを選択します。

②「仕訳伝票データ受入 - データ受入条件設定」画面が開きます。

③「受入ファイル」ページで、「受入ファイル形式」を選択します。独自の形式で受け入れる場合は [形式作成] ボタンを押します。

＜ OBC 受入形式＞
⇒勘定奉行クラウドで用意されている形式にあわせて受け入れる場合はこの形式を選択して [受入開始] ボタンをクリックすれば受入が始まりますので、<u>④以降の作業は必要ありません。</u>

Chapter 6 仕訳伝票データ受入

④「受入ファイル形式選択」の画面が表示されますので【新規】ボタンをクリックします。

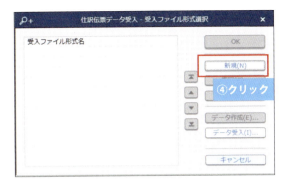

⑤ CSV ファイルの項目との関連付けを行う画面が表示されます。受入元ファイルを指定して (⑤ -1)、関連付けを行っていきます。(⑤ -2) 関連付けが完了したら【OK】ボタンをクリックして形式を登録します。

※この作業は一度行えば次回以降はこの形式を使って受け入れることができます。

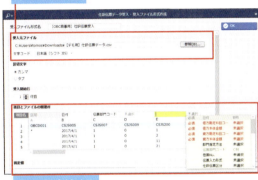

⑥「データ受入条件設定」画面に戻るので、「受入ファイル形式」の⑤で作成した形式を選択し、【受入開始】ボタンをクリックします。

⑦受入が完了すると結果画面が表示されます。受入結果を画面で確認もできますし、結果リストを印刷・PDF に出力することができます。

Part 4 【日々の業務】仕訳伝票の起票

仕訳伝票データの受入中でも別の作業を行えます♪

仕訳伝票データの受け入れはクラウド上で行われますので、受入中にメニューを閉じても継続して受入処理を行うことが可能です。もちろん PC をシャットダウンしても受入処理は継続されますので、夜間に受入を行って、次の日の朝に PC を起動して結果を確認といったことも可能です。

※受入が開始されると以下のメッセージが表示されます。メニューを閉じて処理は続行させたい場合は、[閉じる] ボタンを押してください。

さすがクラウド♪
便利ですね！

参 考　未受入のデータがあった場合

未受入のデータがあった場合は、受入結果の画面で[未受入データ]として赤字で表示されます。【データ作成（E）】ボタンをクリックすることで、未受入になった仕訳伝票データのみを抽出してCSVファイルが作成できます。
CSVファイルになぜ未受入になったのか原因も記載されていますので、原因を見ながらファイルの内容を修正して再度受け入れることで未受入になったデータのみ再度受け入れることが可能です。

Chapter 7 帳簿入力

入力科目（自科目）を固定して、一覧画面で効率的に入力できるメニューです。借方、貸方ともに1：1の仕訳を入力します。

帳簿入力のメリット

帳簿入力の最大の特徴は、入力科目（自科目）を固定できるということです。したがって同じ科目を利用する取引をまとめて入力したい場合に、一覧画面で効率的に入力できます。

例えば、入金の仕訳を一気に入力したいので、借方は「普通預金」で固定、貸方には相手科目を選択して仕訳を起票していきたいといったことが可能です。

【帳簿入力】の各メニューの特徴

【帳簿入力】には、固定できる科目の用途に応じて各メニューが用意されています。
【帳簿入力】の各メニューの特徴をまとめると、以下のようになります。
例えば現金に関する取引をまとめて入力したい場合には【現金出納帳入力】メニューを利用します。

メニュー名	自科目固定	自科目	概要
現金出納帳入力	○	現金科目 （現金計に属するもの）	交通費や消耗品費を現金で支払った場合など、現金に関する取引を入力する場合に便利です。
預金出納帳入力	○	預金科目 （預金計に属するもの）	水道光熱費や給与の支払いなど、預金に関する取引を入力する場合に便利です。
売掛帳入力	○	売掛金科目	掛売上や売上値引き、回収など、売掛金に関する取引を入力する場合に便利です。
買掛帳入力	○	買掛金科目	掛仕入や支払など、買掛金に関する取引を入力する場合に便利です。
元帳入力	○	全科目	上記以外の勘定科目を固定して入力したい場合に使用します。
仕訳帳入力	×	-	科目を固定しないで入力する方法です。明細ごとに借方・貸方科目を指定して、入力を行います。

Part 4 【日々の業務】仕訳伝票の起票

ここがPOINT♪

各メニューで固定できる勘定科目は、あらかじめシステム側で初期設定されていますので、基本的に設定を行う必要はありません。

仮に、初期設定の内容とは異なる勘定科目を固定したい場合は、以下の内容を修正することで変更することができます。

1.【経理規程】-【勘定科目設定】-【勘定科目】メニューを選択します。
2.【F8 システム科目】ボタンをクリックします。
3.[帳簿] ページを選択します。

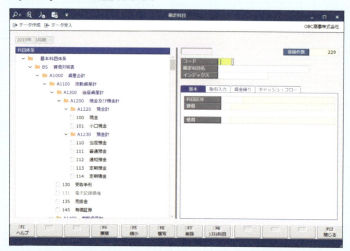

Chapter 7 帳簿入力

①【財務会計】-【取引入力】-【帳簿入力】-【現金出納帳入力】メニューを選択します。

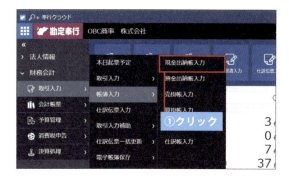

②「現金出納帳入力」画面が起動します。まず、固定する科目（自科目）を指定します。

③相手科目や金額など伝票内容を入力していきます。金額を入力して[Enter]キーをクリックすると登録が完了します。

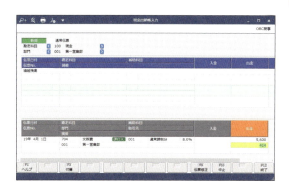

参考　自科目とは？

帳簿入力時の「自科目」とは、入力を固定したい科目のことです。例えば、[現金出納帳入力]メニューで「現金」を固定にしたい場合は、自科目に「現金」を選択します。
帳簿入力のメニューごとに何を自科目として選択できるかは、【法人情報】-【経理規程】-【勘定科目設定】-【勘定科目】メニュー の【F8システム科目】ボタン [帳簿] ページで設定されています。

Part 4 【日々の業務】仕訳伝票の起票

Chapter 8 取引入力補助

取引入力を行う際に、様々な補助機能を使うことができます。

仕訳伝票 No. メニュー

仕訳伝票の付番を通し番号にしたり、各月ごとに1番から始める設定にすることができます。

①【財務会計】-【取引入力】-【取引入力補助】-【仕訳伝票 No.】メニューを選択します。

②「仕訳伝票 No. - 条件設定」画面が起動します。集計期間を指定し(②-1)、【画面(V)】ボタンをクリックします(②-2)。

③「仕訳伝票 No.」画面が起動します。各月の付番開始 No. を設定することができます。

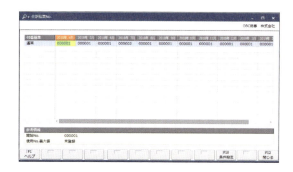

定型仕訳伝票メニュー

定型仕訳伝票を作成したり、編集することができます。
毎月発生する伝票や頻繁に使用する伝票、年に一度決算時に発生する忘れがちな伝票などを「定型仕訳伝票」としてパターンを登録します。登録した定型仕訳は伝票入力時に簡単に呼び出すことができ、入力の手間を省くことができます。

定型仕訳伝票の登録方法

①【財務会計】-【取引入力】-【取引入力補助】-【定型仕訳伝票】メニューを選択します。

②「定型仕訳伝票」画面が起動します。

Part 4 【日々の業務】仕訳伝票の起票

③任意のコードと名称を入力し、ひな形として登録したい仕訳内容を入力します。

金額は[￥0（未指定）]にしておくことで実際に仕訳を起票する際に指定することができます。

ここがPOINT♪

定型仕訳伝票と予約仕訳伝票の使い分け

・**定期的に起票が必要な仕訳や忘れずに入力したい仕訳内容**
⇒【予約仕訳伝票入力】メニューを活用しましょう！（詳細は、P104をご参照ください）

・**よく利用する仕訳や、年に一度決算時に発生する忘れがちな仕訳内容**
⇒【定型仕訳伝票】メニューを活用しましょう！（詳細は、P129をご参照ください）

具体的な日付や金額が決まっていないけどテンプレート化しておきたい場合に【定型仕訳伝票】を使いましょう♪

Part 5

会計帳票

Chapter 1　会計帳票の基礎知識
Chapter 2　仕訳帳
Chapter 3　元帳
Chapter 4　合計残高試算表
Chapter 5　勘定科目内訳表
Chapter 6　集計表

Part 5 会計帳票

会計帳票の基礎知識

勘定奉行クラウドから出力できる様々な会計帳票・分析資料の概要を確認しましょう。

勘定奉行クラウドでは、様々な集計資料を作成することができます。
まずは、今まで使っていた会計ソフトで出力していた資料と見比べて、日常よく使用する集計資料が「勘定奉行クラウド」のどのメニューから出せるのか確認するところから始めましょう。

会計帳票の種類と特徴

メニュー名	特徴・利用用途
仕訳帳	伝票ごとに一覧で表示し、出力します。仕訳リストを印刷したり、仕訳伝票にジャンプして、確認や修正を行うことが可能です。
元帳	勘定元帳、補助元帳を出力します。気になる取引がある場合は、伝票にジャンプして、確認や修正ができます。
日計表	日々入力した伝票の借方・貸方の発生金額および残高を、勘定科目ごとに出力します。
合計残高試算表	貸借対照表・損益計算書・製造原価報告書などの帳票を出力します。
○○内訳表	合計残高試算表と同じ形式で、部門・補助科目・取引先の内訳ごとの金額を確認することができます。
○○集計表	貸借対照表や損益計算書などの帳票を部門・補助科目・取引先の内訳ごとに確認することができます。
推移表	勘定科目ごとに、月別の発生金額や残高金額の推移を出力します。グラフの出力もでき、社内分析資料として活用できます。
対比表	勘定科目ごとに、前期と当期の同じ月における発生金額や残高金額を比較して出力します。グラフの出力もでき、社内分析資料として活用できます。
資金繰り表	実際に発生した資金に関わる取引を集計します。資金繰り項目ごとに集計されるので、現預金の収支の用途を一覧で確認できます。

Chapter 1　会計帳票の基礎知識

帳票の集計・出力の基本操作

様々な帳票のメニューがありますが、どの帳票メニューでも基本的な操作方法は同じです。
基本的な操作の流れを確認していきましょう。

1 メニューを起動します

会計帳票は、【財務会計】-【会計帳票】の中に集約されています。
ここから帳票の各メニューを起動できます。

2 集計したい条件を指定する

条件設定画面が表示されます。
ここで、集計する期間の指定や科目の絞込みなどを行うことができます。

3 印刷・PDF・Excel 出力

条件設定画面から印刷・PDF・Excel に出力できます。

3 画面で内容を確認する

4 印刷・PDF・Excel 出力

画面の上にある「奉行クイックコマンド」からワンクリックで画面上の内容を印刷・PDF・Excel に出力できます。

4 気になる金額があれば、さらに詳細メニューへジャンプして原因を追跡していきます

Part 5

Part 5 会計帳票

●印刷・Excel・PDF へ出力をかんたんに

画面上でデータの内容を確認したあとに、印刷・Excel・PDFに出力したい場合は、画面の上に表示されているコマンドをクリックするだけで直接出力できます。

オススメの奉行クイックコマンド

 プレビュー画面を表示　　　 PDFに出力

 印刷の条件設定画面を表示　 Excelに出力

表示するコマンドは、メニューごとに自分で自由に選択できます♪

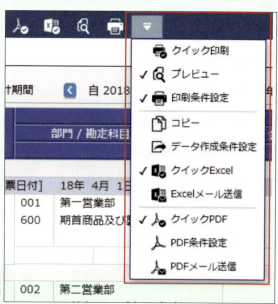

をクリックすると、コマンド一覧が表示されます。画面の上に表示したいコマンドをクリックすることで、✓マークがつき、画面上に表示されます。

「勘定奉行クラウド」を使っていく中で、自分がよく使うコマンドだけを表示するなど自由にカスタマイズしていきましょう！

※選択できるコマンドは各帳票によって異なります。

Chapter 1　会計帳票の基礎知識

●よく利用する帳票メニューは「お気に入り」に登録♪

頻繁に利用するメニューはお気に入りに登録しておくと都度メニュー一覧から選択する必要がないので便利です。

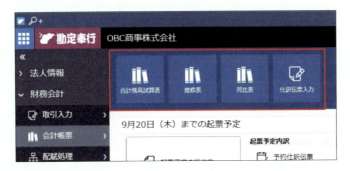

次ページからは、代表的な帳票をそれぞれご紹介していきます。
画面や印刷のイメージを見ながら、どの帳票メニューをどのような場面で使っていくか確認していきましょう。

Part 5

Part 5 会計帳票

Chapter 2

仕訳帳

登録した伝票を一覧形式で確認できる仕訳帳について解説します。

【仕訳帳】メニューの概要

仕訳伝票を一覧形式で集計します。気になる明細があれば、クリックすることで該当の仕訳伝票にジャンプできるので、そのまま修正作業も行えます。

ここがPOINT♪

こんなシーンで利用します！

何らかの仕訳伝票を探したい時や、毎日の入力業務が完了後のチェックをする際などに利用します。絞り込む条件を詳細に特定しなくても日付の範囲やだいたいの科目で絞り込めば一覧で表示されるので、そこから特定の伝票を探すことができます。

内容のチェックをするときは【仕訳帳】メニューで探す方や、
【元帳】メニューで探す方に大きく分かれます。
お好きな方をお使いください！

Chapter 2　仕訳帳

仕訳リストを印刷する

仕訳帳メニューからは、以下の3種類の印刷形式で仕訳のリストを印刷できます。
印刷の方法は、P101「**仕訳伝票を印刷する**」をご確認ください。

<仕訳帳形式（標準）>

<仕訳伝票形式>

<仕訳帳形式（簡易）>

ここがPOINT♪

本日登録した伝票のみ簡単に集計したい

仕訳帳メニューは、【財務会計】-【会計帳票】-【仕訳帳】メニューからだけでなく、ダッシュボードの「○○に起票した仕訳伝票＜自己入力分＞」からも起動できます。自身が本日登録した内容だけを自動的に集計してくれるので、毎日の内容確認時に便利です！

Part 5

Part 5 会計帳票

Chapter 3 元帳

主要簿である元帳について解説します。

【元帳】メニューの概要

勘定元帳または補助元帳・取引先元帳を集計・出力ができます。【仕訳帳】メニューと同様に、クリックすることで該当の仕訳伝票にジャンプできるので、そのまま伝票の修正作業も行えます。

ここがPOINT♪

こんなシーンで利用します！

主な用途は、やはり日々の登録内容のチェックです。
また、月締めの際に元帳を印刷して社内保管している場合は
このメニューから出力できます。

集計する条件を指定する

メニューの起動時に表示される「条件設定」画面で、集計したい条件を指定します。
集計期間や、元帳種類や自マスターの指定を行います。

参考　自マスターとは？

自マスターとは、軸となる勘定科目や補助科目のことを指します。画面の上部に表示されます。複数の自マスターを集計した場合は、画面上の自マスターの矢印アイコンで切り替えることが可能です。

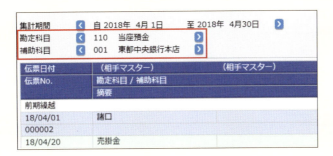

Part 5 会計帳票

諸口の内訳を表示したい場合

初期値の設定のままですと、1：Nの仕訳の場合、相手科目は「諸口」と表示されます。

メニュー起動時に表示される「条件設定」画面の[出力]ページにある「諸口の出力形式」の設定を変更することで、諸口の内訳を表示することができます。

諸口の出力形式
☑ 相手科目を個別出力する
☐ 諸口の内訳を出力する

●「相手科目を個別出力する」にチェックを入れた場合

●「諸口の内訳を出力する」にチェックを入れた場合

Chapter 3 元帳

元帳を印刷する

元帳の印刷条件設定画面では、印字する項目や名称の細かい設定を行うことが可能です。

<**印刷条件設定の[出力]ページ**>

<**印刷イメージ**>

Part 5

ここがPOINT♪

元帳をワンクリックで簡単起動

メイン画面のダッシュボードからも、【元帳】メニューを起動できます。ダッシュボードから起動した場合は、ダッシュボード上に表示された集計期間※で自動的に集計し、直接画面が表示されます。

※集計期間の設定は、「設定の変更」画面から行うことができます。
初期設定では「今月分」が自動で集計される設定になっています。

Part 5 会計帳票

Chapter 4

合計残高試算表

貸借対照表・損益計算書・製造原価報告書などの帳票を
出力できる合計残高試算表について解説します。

【合計残高試算表】メニューの概要

入力した仕訳データを月次単位や一定期間で区切ることにより、その期間における財政状態や経営成績を集計・表示し、把握することができます。合計残高試算表から元帳や内訳表にジャンプして詳細を確認していくことも可能です。

ここがPOINT♪

こんなシーンで利用します！

月末には必ず集計を行い、金額のチェックは合計残高試算表から詳細なデータへジャンプして確認することをお勧めします。
一般的に、会議資料や社内保管用として、印刷やPDFへの出力を月末に行われることが多いです。

Chapter 4　合計残高試算表

合計残高試算表を作成する

それでは実際に、合計残高試算表の集計や、詳細の内容へジャンプしてみましょう。
ここでは、4月から6月までの試算表(貸借対照表と損益計算書)を税抜金額で集計する
という例で記載します。

▶ 合計残高試算表を集計する

①【財務会計】-【会計帳票】-【合計残高試算表】メニューを選択します。

②「合計残高試算表 - 条件設定」画面が表示されます。この画面で集計期間や出力帳票(「貸借対照表」「損益計算書」「製造原価報告書」)を選択します。
　※「製造原価報告書」は、【経理業務設定】メニューの<基本>タブで「製造原価項目」が「使用する」になっている場合のみ表示されます。

③【画面(V)】ボタンをクリックします。

Part 5

Part 5 会計帳票

④「出力帳票」欄でチェックをつけた帳票がタブ形式で表示されます。
集計内容で意図しない金額になっていないかなどを確認していきます。

⑤詳細を確認したい科目が見つかったら、画面上の科目名の上でダブルクリックします。「他の帳票へのジャンプ」画面が表示されます。

⑥この画面からジャンプしたい資料のボタンをクリックします。ここでは、【元帳(G)】ボタンをクリックして、「元帳」画面にジャンプします。

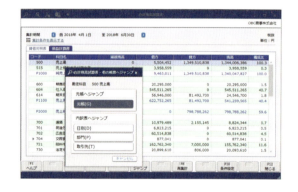

⑦選択した科目の「元帳」画面が表示されます。「元帳」画面から取引を確認し、さらに詳細な内容を確認する場合は、明細の上でダブルクリックします。

Chapter 4　合計残高試算表

⑧「仕訳伝票入力」画面が表示されますので、必要があれば、そこから仕訳を修正することができます。

ジャンプした先のそれぞれの集計メニューにもジャンプ機能があり、最終的には「合計残高試算表」画面から仕訳データの修正までを通して行うことが可能です。

ここがPOINT♪

補助科目を設定している科目の場合は、合計残高試算表の画面上で補助科目ごとの内訳が確認できます。印刷時は補助科目の内訳を出力する・しないを別途選択できますので、画面上では見たいけど印刷時は不要ということにも対応できて便利です！

印刷時の補助科目の出力の有無は、「印刷条件設定」画面の＜基本＞ページの「補助科目を出力する」項目で選択できます。

Part 5 会計帳票

合計残高試算表を印刷する

印刷条件設定画面では、出力する項目などを設定できます。

＜印刷条件設定の [基本] ページ＞　　　　　**＜印刷イメージ＞**

勘定科目内訳表

勘定科目の内訳ごとの金額を確認できる、勘定科目内訳表について解説します。

【勘定科目内訳表】の各メニューの概要

指定した勘定科目の内訳を合計残高試算表と同じように、借方・貸方の発生金額および残高を出力することができます。どのマスターごとの内訳を見たいかによって以下の4メニューがあります。

メニュー名			
日別内訳表	部門内訳表	補助科目内訳表	取引先内訳表

▼例）部門内訳表の画面

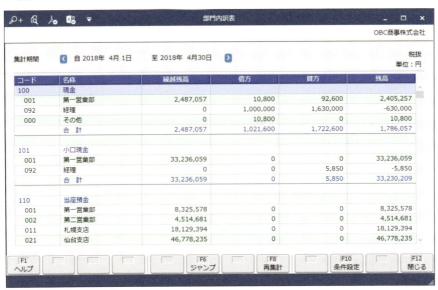

Part 5 会計帳票

こんなシーンで利用します！

内訳表メニューは、メニュー名の通り勘定科目の金額に対して内訳ごとに金額を確認したい場合に利用します。貸借の発生金額を内訳ごとに確認できるのは内訳表メニューの特徴です。

例えば、以下のように使われていることが多いです。

部門内訳表
⇒特定の勘定科目（費用科目や売上高など）に対して部門ごとの内訳を出力したい

補助科目内訳表
⇒各金融機関の残高を確認したい

取引先内訳表
⇒特定の勘定科目（売掛金や買掛金、売上高など）に対して取引先ごとの内訳を出力したい

集計する条件を指定する

メニューの起動時に表示される「条件設定」画面で、集計したい条件を指定します。
集計したい科目のみを指定することができます。

Chapter 6 集計表

各マスターごとに金額を集計できる集計表の各メニューについて解説します。

【集計表】の各メニューの概要

どのマスターを軸に集計するかによって以下の4メニューに分かれます。【補助科目集計表】メニューとそれ以外の3メニューで特徴が異なりますので、それぞれ確認していきましょう。

メニュー名			
部門集計表	補助科目集計表	取引先集計表	摘要集計表

▶ 【部門／取引先／摘要集計表】メニューの特徴

指定したマスター（部門、取引先、摘要）ごとに貸借対照表や損益計算書などの帳票を出力します。縦軸には勘定科目、横軸にはマスターを表示します。

▼例）部門集計表の画面

Part 5 会計帳票

▶【補助科目集計表】メニューの特徴

指定した補助科目に、各勘定科目の金額を一覧で出力します。
縦軸には勘定科目、横軸には補助科目を表示します。

【補助科目集計表】メニュー特有の特徴は、異なる勘定科目に登録されている補助科目でも、名称が同じ場合は同じ補助科目として集計できるところです。

例えば、以下のように勘定科目に対してそれぞれ補助科目が登録されているとします。

勘定科目	110：当座預金	111：普通預金
補助科目	┗105：三井住友銀行	┗001：三井住友銀行
	┗106：三菱UFJ銀行	┗002：三菱UFJ銀行

勘定科目ごとに別々のコードで補助科目を登録していたとしても、【補助科目集計表】メニューで集計時は、同じ名前であれば、同じ列で金額を確認することができます。

ここがPOINT♪

異なる勘定科目で、同じ意味を持つ補助科目を登録するときは、同じ名称で登録するようにしましょう！

例えば、以下のように同じ三井住友銀行でも異なる名称で登録されていた場合は、以下のように異なる列でバラバラに表示されてしまいます。

コード	勘定科目名	三井住友銀行	三井住友銀行（本店）
110	当座預金	681,458	0
111	普通預金	0	781,400
	合 計	681,458	781,400

集計期間　自 2018年 9月1日　至 2018年 9月30日

Part 5 会計帳票

参考 内訳表と集計表の違いは？

Reference

内訳表と集計表の違いをまとめると、以下のようになります。

メニュー	貸借の発生金額	勘定科目の出力	縦軸	横軸
内訳表	出力できる	発生金額のある勘定科目が一覧で出力される	勘定科目 └内訳のマスター （部門など）	金額 （繰越金額、貸借の発生金額など）
集計表	出力できない	貸借対照表や損益計算書の帳票ベースで出力される	勘定科目	内訳のマスター （部門など）

マスターごとの内訳が見たい場合に、内訳表と集計表のどちらで出力すれば良いかの判断は以下のように行います。

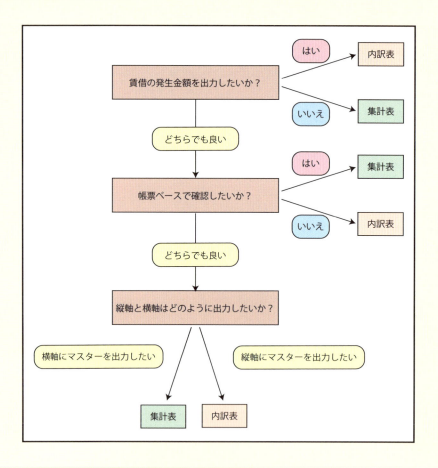

Part 6

消費税申告

Chapter 1　消費税申告の基礎知識
Chapter 2　消費税申告書
Chapter 3　消費税に関する管理資料

Part 6 消費税申告

Chapter 1 消費税申告の基礎知識

「勘定奉行クラウド」で行う消費税申告の基本的な知識について解説します。

課税事業者は、事業年度の終了の日の翌日から2ヶ月以内に、消費税の確定申告書の提出とその税金を納付しなければなりません。「勘定奉行クラウド」では、消費税申告書はもちろん、消費税が正しく計上されているかの確認が効率よくできるよう管理資料も充実しています。

税理士に消費税のチェックや、申告を任せている場合

税務業務を税理士に任せている企業は多くいると思います。従来のデータのやりとりは、経理担当者が税理士に元帳や消費税に関する資料を印刷して送付・メールを行ったり、会計ソフトのバックアップデータを送って、税理士が読み込んで確認するなど、やりとりにかなりの手間と時間がかかっていることが多いです。

「勘定奉行クラウド」では、1ライセンスを標準でご提供している「専門家ライセンス」を利用することで、その手間は一切不要となりますので、ご利用いただくことをお勧めします。

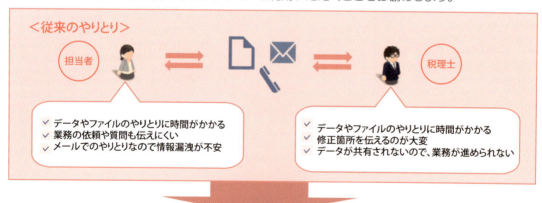

＜従来のやりとり＞

担当者
- データやファイルのやりとりに時間がかかる
- 業務の依頼や質問も伝えにくい
- メールでのやりとりなので情報漏洩が不安

税理士
- データやファイルのやりとりに時間がかかる
- 修正箇所を伝えるのが大変
- データが共有されないので、業務が進められない

＜勘定奉行クラウド＞税理士とのデータのやりとりの手間が一気に解消します！

専門家ライセンス 勘定奉行クラウド上で、税理士に確認してもらえるので、データのやりとりの必要がありません。修正の必要がある場合は、付箋機能などを使ってリアルタイムに共有が可能です。

＜事前準備＞税理士に消費税申告を依頼している場合

消費税申告書の作成を税理士に依頼している場合で、「勘定奉行クラウド」から消費税申告を税理士に行ってもらう場合は、前準備として以下の設定を行ってください。

1 税理士にライセンスを送る（専門家ライセンス）

メイン画面右上の【専門家招待】メニューから税理士にアカウント情報などをメールで送ることができます。

2 税理士の情報を設定する

【法人情報】-【消費税申告設定】-【消費税申告設定】メニューで、申告書の作成や審査を「作成する」に設定します。税務代理権限証書を「勘定奉行クラウド」で印刷または電子申請の時に一緒に出力する場合は、各書面の設定を「提出する」にします（この設定をどちらにするか不明の場合は、税理士にご確認ください）。

勘定奉行クラウドの消費税の集計について

勘定奉行クラウドでは、納付すべき消費税額を計算するため、1枚1枚の仕訳伝票の内容をもとに税区分ごとに集計を行います。集計時に納付すべき消費税を自動計算し、消費税および地方消費税の申告書と、申告書に添付する付表を出力します。

つまり、正確な納税額を算出するためには、日々の仕訳伝票の入力業務において正しい税区分で起票することが重要です。

参 考 税区分とは？

日々の取引の入力において仕訳の明細ごとに指定する消費税の区分のことです。
仕訳伝票を入力するときに表示される「課仕入」といったマークが税区分を表します。

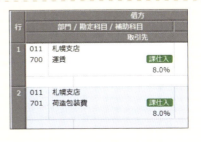

Part 6 消費税申告

ここがPOINT♪

仕訳伝票を入力時に初期表示される税区分は、【法人情報】-【経理規程】-【勘定科目設定】-【勘定科目】メニューで指定されている税区分です。

勘定科目ごとに正しい税区分が指定されていれば、基本的に仕訳伝票の入力時に税区分を変更していただく必要はありません。

しかし、特殊な取引が発生して通常とは異なる税区分を指定する必要がある場合は、【取引入力】の各メニューで仕訳入力時に正しい税区分に変更する必要があります。

Chapter 1　消費税申告の基礎知識

消費税を確認する流れ

消費税申告書の金額が違う場合、下記のフローのように帳票間をジャンプして金額を追跡することで、簡単に不正な金額を発見し修正できます。
起点は2つになります。申告時の確認は消費税申告書から、月次で確認する場合は科目別課税対象額集計表を起点に確認していくことで、効率的に確認作業を行うことができます。

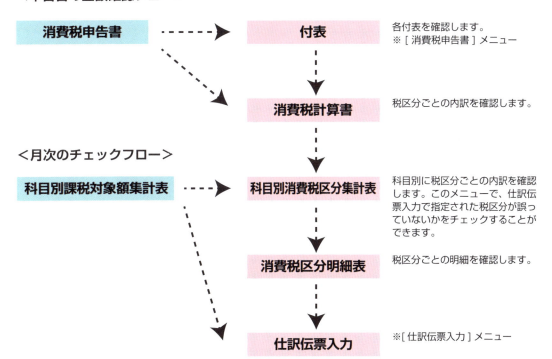

Part 6 消費税申告

Chapter 2 消費税申告書

消費税および地方消費税の申告書と、申告書に添付する付表を出力します。

消費税申告書を税務署から配布されるOCR用紙に直接印刷と白紙の用紙に印刷の両方に対応しており、どちらも直接税務署に提出することができます。
また、税理士に作成を依頼している場合は、税理士自身がこのメニューを使って申告書を作成していただけます。

消費税申告書を確認・印刷する

①【財務会計】-【消費税申告】-【消費税申告書】メニューを選択します。

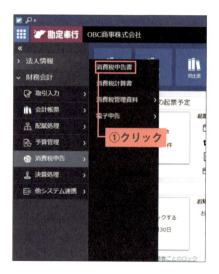

②「消費税申告書 - 条件設定」画面が表示されます。【画面(V)】ボタンをクリックします。

Chapter 2　消費税申告書

③消費税確定申告書のフォームに沿った画面が表示されます。
　背景が白色の項目（右図の枠で囲っている項目）は手入力する項目なので、申告書に記載する情報を手入力します。

④内容を確認して気になる項目がある場合は、項目をダブルクリックすることで、【消費税計算書】メニューにジャンプして、より詳細内容を追跡することができます。

⑤印刷したい場合は、画面左上の「奉行クイックコマンド」の　アイコンをクリックします。

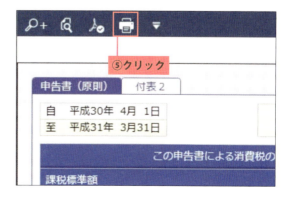

Part 6 消費税申告

⑥「印刷条件設定」画面が起動します。
提出日や帳票の選択などを行います。

Reference

参考　印刷できる帳票について

■**OCR用紙**
⇒税務署から配布されるOCR用紙に直接印刷する場合に使用します。

■**応用用紙**
⇒白紙のA4用紙に印刷する場合に選択します。

どちらも直接税務署に提出が可能です。

消費税申告書の印刷イメージ

消費税申告書は以下のイメージで出力されます。

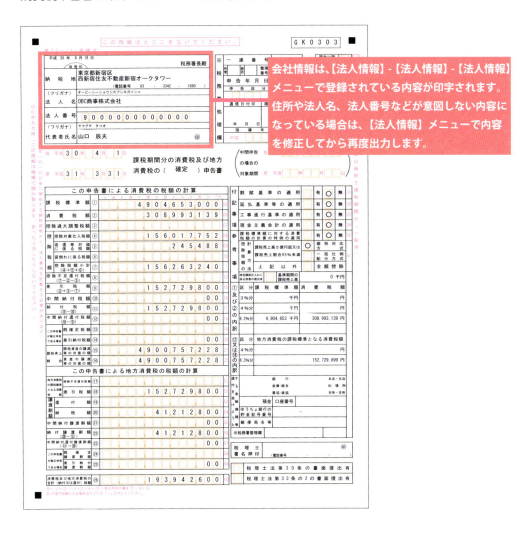

会社情報は、【法人情報】-【法人情報】-【法人情報】メニューで登録されている内容が印字されます。
住所や法人名、法人番号などが意図しない内容になっている場合は、【法人情報】メニューで内容を修正してから再度出力します。

Part 6 消費税申告

参考　電子申告を行う場合

「勘定奉行クラウド」から電子申告を行うことが可能です。
また、税理士が代理で申告する場合も、専門家ライセンスで「勘定奉行クラウド」でデータ共有を行っていれば、税理士自身のPCから自身の電子証明書を使って代理申告が可能です。

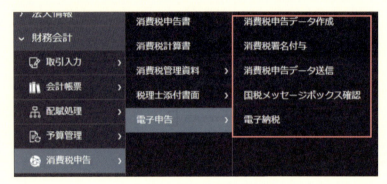

Chapter 3 消費税に関する管理資料

消費税を確認、追跡するための管理資料について解説します。

消費税申告書を見ただけでは、計算された金額が正しいのかどうか判断することは困難です。
そこで、「勘定奉行クラウド」では消費税申告書に集計されてきた金額を追跡できるよういくつかの管理資料を用意しています。
ここでは、申告書の集計金額を追跡するための管理資料をご紹介します。

【消費税計算書】メニュー

申告書計算区分（課税売上や課税仕入など）ごとの金額を、税率ごとに出力します。
消費税申告書の金額に疑問を感じた場合は、このメニューにて、該当の項目の内訳金額を確認し、原因を追究していきます。
なお、消費税申告書の画面から、このメニューへ直接ジャンプすることもできます。

▼【財務会計】-【消費税申告】-【消費税計算書】メニュー

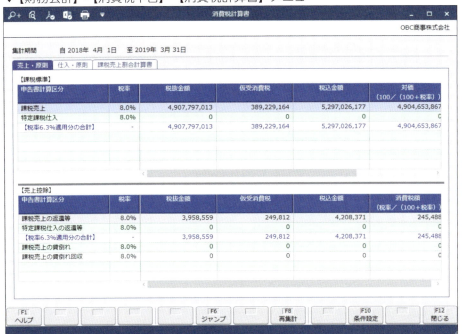

Part 6 消費税申告

【科目別課税対象額集計表】メニュー

勘定科目別、補助科目別の非課税額、課税取引額、消費税金額が確認できます。
仕訳伝票を登録する際の税区分の登録ミスなどを発見できますので、月次の消費税額チェックとしても活用すると便利です。

▼【財務会計】-【消費税申告】-【消費税管理資料】-【科目別課税対象額集計表】メニュー

意図していない消費税金額が計上されている科目がある場合は、科目をダブルクリックすることで、さらに詳細が確認できるメニューへジャンプすることができます。

Chapter 3　消費税に関する管理資料

参 考　　確認すると良い内容

【科目別課税対象額集計表】メニューは、以下のような視点で確認しましょう。

■ 取引の区分けが妥当か
（1）課税取引と非課税や免税取引の区分けが妥当であるか
（2）売上と仕入の区分けまたはその返還の区分けが正しくされているか
（3）仕入や費用計上の課税取引が、課税売上と非課税売上のどちらに対するものか、または区分がはっきりしないもの（共通）の区分けが正しくされているか

■ 課税取引の消費税額が妥当か
（1）自動計算された消費税額の手入力ミスはないか
（2）消費税額の計上漏れはないか

たとえば、このような確認が行えます！

たとえば、[704：交際費]の科目を、通常課税分と非課税分（冠婚葬祭）で補助科目を分けているとします。このような場合に、通常課税分なのに非課税で登録されていないか等がすぐにご確認いただけます。

以下の画面の場合、[001：通常課税分]が、課税対象にも関わらず「非課税等取引額」の列に金額が表示されているため、意図していないことが分かります。このような場合は、[001：通常課税分]をダブルクリックすることで、さらに詳細の仕訳伝票まで追跡することができます。

コード	科目名	税率	仕/売	通/返	非課税等取引額	本体 (消費税
704	交際費	-	-	-	569,000	
		-%	-	-	569,000	
001	通常課税分	-%	-	-	24,000	
002	冠婚葬祭非課税分	-%	-	-	545,000	

Part 6 消費税申告

ここがPOINT♪

税抜の本体金額からシステム上で計算した概算の消費税額と、実際に計上されている消費税額を比較して、差額の率が指定した率を超えた場合に画面上で強調表示されます。これにより手入力ミスや計上漏れの可能性が高い仕訳明細だけを抽出することができます。

※税理士は計上した金額と、税抜金額に消費税を掛けた金額が0.05%の差異があった場合に、あたりをつけて仕訳をチェックするケースが多いため、初期値は「0.05%」になっています。

Chapter 3　消費税に関する管理資料

【科目別消費税区分集計表】メニュー

消費税を自動計算している場合に、勘定科目または補助科目別に、税率ごと税区分ごとの内訳金額を出力します。科目ごとに、正しい税区分を指定して仕訳伝票が登録されているか確認できます。また、科目ごとの税込金額や税抜金額、消費税額の確認、また、全科目総額の消費税額も確認できます。

▼【財務会計】-【消費税申告】-【消費税管理資料】-【科目別消費税区分集計表】メニュー

気になる科目は、ダブルクリックすることで明細単位で確認できる【消費税区分明細表】メニューへジャンプすることができます。

注意

科目別税区分集計表は、仕訳伝票入力時に、消費税額を自動計算している場合のみ有効なメニューです。
消費税の自動計算（【法人情報】-【経理規程】-【経理業務設定】メニューの[取引入力]ページ）を「税抜金額から計算する」か「税込金額から計算する」にしている場合のみ使用できる資料です。
仮受・仮払消費税の勘定科目を直接使用して仕訳伝票を入力している場合（「計算しない」）は、科目別の消費税額は集計できませんのでご注意ください。

Part 6 消費税申告

【消費税区分明細表】メニュー

指定した税区分の伝票明細を出力します。消費税の管理資料の中で一番細かい単位で確認ができます。このメニューは、【科目別課税対象額集計表】メニューや、【科目別消費税区分集計表】メニューからジャンプすることも可能です。

▼【財務会計】-【消費税申告】-【消費税管理資料】-【消費税区分明細表】メニュー

ダブルクリックすることで該当の仕訳伝票にジャンプすることができ、伝票の修正がそのまま行えます。

Chapter 3　消費税に関する管理資料

このような確認をしたい場合に便利です！

伝票登録時点で、どの税区分にするか不明な場合に、税区分を「9999 未確定」としていた明細を、ピックアップして集計することができます。
ピックアップ後、適切な税区分、事業区分を設定し、登録しなおすことで正しい消費税申告書を作成することができます。

①条件設定画面で、集計消費税区分に「9999：未確定」を指定します。

②税区分が「9999：未確定」の明細のみ画面に集計されますので、ダブルクリックで該当の仕訳伝票にジャンプして正しい税区分を修正していくことができます。

Part 7
決算処理

Chapter 1　決算処理の基礎知識
Chapter 2　決算時の整理仕訳を入力する
Chapter 3　決算報告書を作成する
Chapter 4　決算報告書のレイアウトを整える
Chapter 5　新年度の処理を開始する

Part 7 決算処理

決算処理の基礎知識

「勘定奉行クラウド」の決算処理について基本となる内容を解説します。

勘定奉行クラウドから出力できる決算報告書

決算報告書とは、複数の書類で成り立ちそれらの報告書の総称となります。
決算報告書の作成は、一つの事業年度における会社全体の財政状態、経営成績を報告するための最終作業となるため、非常に重要です。

「勘定奉行クラウド」では、決算報告書で必要な以下の書類をすべて出力することが可能です。

＜出力可能帳票＞

貸借対照表　　　　　　販売費及び一般管理費明細書
損益計算書　　　　　　株主資本等変動計算書
製造原価報告書　　　　個別注記表

決算報告書を作成するまでの作業の流れ

前準備の作業も含めた一連の流れを確認しましょう。

1　決算時の整理仕訳を入力する

決算時は、棚卸や減価償却費、消費税に関する仕訳など、決算時特有の仕訳を登録する必要があります。【仕訳伝票入力】メニューで入力していきましょう。
⇒詳細は、P174 をご参照ください

2　株主資本等変動計算書を作成するための処理を行う

決算報告書の1つである「株主資本等変動計算書」を作成するために、変動事由の登録や、変動額の登録を行う必要があります。それぞれ以下のメニューで処理を行います。

①変動事由の登録
　⇒【財務会計】-【決算処理】-【決算報告書】-【変動事由】メニュー

②変動額の登録
　⇒【財務会計】-【決算処理】-【決算報告書】-【当期変動額】メニュー

Chapter 1　決算処理の基礎知識

3 個別注記表を作成するための注記を登録する

決算書類のひとつとして「個別注記表」の作成が義務付けられています。
注記として印刷したい内容をあらかじめ登録します。

注記の登録
⇒【財務会計】-【決算処理】-【決算報告書】-【注記】メニュー

4 決算報告書を印刷・プレビューして内容を確認する

③までの前準備が完了したら、一度決算報告書を作成して内容を確認します。
⇒詳細は、P176[決算報告書を作成する]をご参照ください

5 決算報告書を作成するためのレイアウトを設定する

④で出力した決算報告書の内容で、レイアウトを調整したい場合は、必要に応じて以下の方法で
レイアウトを調整します。

複数の勘定科目を1つの勘定科目に要約する（P180参照）
⇒【財務会計】-【決算処理】-【決算報告書】-【科目要約設定】メニュー

決算報告書の文字飾りや名称などのレイアウトを変更する（P183参照）
⇒【財務会計】-【決算処理】-【決算報告書】-【レイアウト設定】メニュー

6 最終的な決算報告書を作成する

再度、決算報告書を作成します。方法は④と同じです。
⇒詳細は、P176[決算報告書を作成する]をご参照ください

本書では以下について詳細を記載していきます。

1 決算時の整理仕訳を入力する

4 決算報告書を印刷・プレビューして内容を確認する

5 決算報告書を作成するためのレイアウトを設定する

Part 7

Part 7 決算処理

Chapter 2 決算時の整理仕訳を入力する

決算時特有の仕訳の起票方法について解説します。

決算整理仕訳入力時の便利機能

決算時に入力する以下のような仕訳を、通常の取引入力分と分けて集計することができる便利機能があります。

＜決算整理仕訳の例＞

- 減価償却費の計上
- 貸倒引当金の計上
- 消費税の計上
- 売上原価
  （商品や原材料の評価）

仕訳伝票入力時に、画面左上の赤枠で囲まれている部分を「整理仕訳」と選択することで、この伝票が決算整理仕訳のために作成された伝票だと指定することができます。

●日常仕訳
⇒日々入力する取引は「日常仕訳」を選択します。

●振戻仕訳
●整理仕訳
⇒決算整理仕訳を入力するために用意された特殊な区分です。
　この「振戻仕訳」または「整理仕訳」を選択することで、管理資料で集計する時に、決算整理仕訳を含まない資料を作成したり、決算整理仕訳のみの資料を作成することが可能となります。

▶ 日常の仕訳のみを集計する場合

前ページのように、日常の仕訳と決算整理仕訳を「整理区分」で分けて登録しておくことで、元帳や、合計残高試算表の「条件設定」画面で、「振戻仕訳・整理仕訳を集計しない」を選択でき、日常仕訳のみを集計することができます。

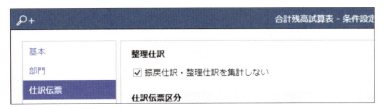

ここがPOINT♪

整理仕訳を、日常の仕訳と区別して登録したい場合は、【法人情報】-【経理規程】-【経理業務設定】メニューの「取引入力」ページで「日常仕訳と区別する」を選択する必要があります。

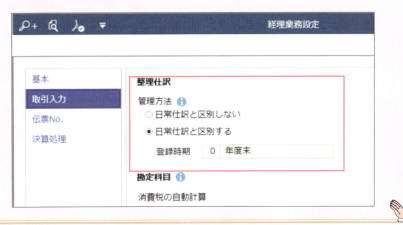

Part 7 決算処理

Chapter 3 決算報告書を作成する

決算報告書を作成する方法について解説します。

決算報告書を作成する

決算整理仕訳の登録、株主資本等変動計算書や、個別注記表の注記内容の登録などが完了したら、いよいよ決算報告書を作成します。
まずは印刷してみて、内容の確認やレイアウトを調整したい部分を確認するようにしましょう。

①【財務会計】-【決算処理】-【決算報告書】
-【決算報告書】メニューを選択します。

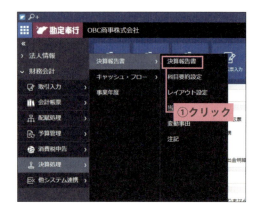

②「決算報告書 - 決算書様式選択」画面が起動します。決算報告書を選択し、【OK】ボタンをクリックします。

Chapter 3　決算報告書を作成する

③「条件設定」画面が起動します。[基本] ページで、出力する帳票を選択します。

④ [基本] ページより下は、帳票ごとにページが分かれており、ひとつの帳票に対する設定を一画面で行うことができます。

各帳票ごとに、帳票タイトルや、様式（「勘定式」「報告式」）などの設定を行うことができます。

⑤すべての設定が完了したら、【印刷（P）】ボタンをクリックします。

⑥続いて「印刷条件設定」画面が表示されますので、【プレビュー（V）】ボタンをクリックします。
　※印刷物に出力者情報を印字したくない場合はこの画面で「出力者情報を出力する」のチェックを外します。

Part 7 決算処理

決算報告書の印刷イメージ

＜勘定式＞

貸 借 対 照 表
2019年 3月31日 現在
OBC商事株式会社
(単位：円)

資産の部		負債の部	
科　目	金　額	科　目	金　額
【流動資産】		【流動負債】	
現金及び預金	1,037,190,438	買掛金	40,540,356
売掛金	17,540,714	未払法人税等	22,300,000
有価証券	125,000,000	未払消費税	76,508,813
商品及び製品	91,234,900	預り金	△8,077,340
短期貸付金	30,000,000	流動負債合計	131,271,829
仮払消費税	△11,174,578	負債合計	131,271,829
流動資産合計	1,289,791,474		
【固定資産】		純資産の部	
(有形固定資産)		科　目	金　額
機械及び装置	30,555,556	【株主資本】	
工具, 器具及び備品	4,846,297	資本金	30,000,000
有形固定資産合計	35,401,853	【資本剰余金】	
(投資その他の資産)		資本準備金	9,000,000
投資有価証券	50,000,000	資本剰余金合計	9,000,000
出資金	40,000,000	【利益剰余金】	
長期貸付金	80,000,000	利益準備金	42,000,000
投資その他の資産合計	170,000,000	(その他利益剰余金)	
固定資産合計	205,401,853	任意積立金	42,000,000
		別途積立金	42,000,000
		繰越利益剰余金	1,198,921,498
		利益剰余金合計	1,324,921,498
		株主資本合計	1,363,921,498
		純資産合計	1,363,921,498
資産合計	1,495,193,327	負債純資産合計	1,495,193,327

＜報告式＞

貸 借 対 照 表
2019年 3月31日 現在
OBC商事株式会社
(単位：円)

【資産の部】		
【流動資産】		
現金及び預金	1,037,190,438	
売掛金	17,540,714	
有価証券	125,000,000	
商品及び製品	91,234,900	
短期貸付金	30,000,000	
仮払消費税	△11,174,578	
流動資産合計		1,289,791,474
【固定資産】		
(有形固定資産)		
機械及び装置	30,555,556	
工具, 器具及び備品	4,846,297	
有形固定資産合計	35,401,853	
(投資その他の資産)		
投資有価証券	50,000,000	
出資金	40,000,000	
長期貸付金	80,000,000	
投資その他の資産合計	170,000,000	
固定資産合計		205,401,853
資産合計		1,495,193,327
【負債の部】		
【流動負債】		
買掛金	40,540,356	
未払法人税等	22,300,000	
未払消費税	76,508,813	
預り金	△8,077,340	
流動負債合計		131,271,829
負債合計		131,271,829
【純資産の部】		
【株主資本】		
資本金	30,000,000	
【資本剰余金】		
資本準備金	9,000,000	
資本剰余金合計		9,000,000
【利益剰余金】		
利益準備金	42,000,000	
(その他利益剰余金)		
任意積立金	42,000,000	

ここがPOINT♪

以下の帳票ごとに様式を変更できます。
「貸借対照表」「損益計算書」「製造原価報告書」「販売費及び一般管理費明細書」
「株主資本等変動計算書」

決算報告書の印刷イメージ

<表紙>

<個別注記表>

ここがPOINT♪

表紙
表紙をつけることが可能です。表紙のタイトルや、会社名・住所の印字なども変更可能です（【決算報告書】メニューの「条件設定」画面の[表紙]ページから変更します）。

個別注記表
個別注記表の印字内容は【決算処理】-【決算報告書】-【注記】メニューで記載された内容が印字されます。

Part 7 決算処理

Chapter 4 決算報告書のレイアウトを整える

決算報告書の内容を要約したい場合や、レイアウトを変更したい場合について解説します。

複数の勘定科目を1つの勘定科目に要約する

外部に公開する決算報告書の貸借対照表や損益計算書は、社内用に出力する合計残高試算表よりも要約した内容で公開している場合が多いと思います。

「勘定奉行クラウド」では、【科目要約設定】メニューを利用することで、複数の勘定科目を1つの要約科目にまとめることができ、外部公開用の書類を作成することができます。

費用科目の「721 給料手当」と「723 雑給」をまとめて「721 給料等」として扱い、表示する事例を参考に紹介します。

①【財務会計】-【決算処理】-【決算報告書】
-【科目要約設定】メニューを選択します。

Chapter 4 決算報告書のレイアウトを整える

② 「科目要約設定 - 決算書様式選択」画面が起動します。「決算報告書」を選択し、【OK】ボタンをクリックします。

③ 「科目要約設定 - 条件設定」画面が起動します。設定が完了したら、【画面(V)】ボタンをクリックします。

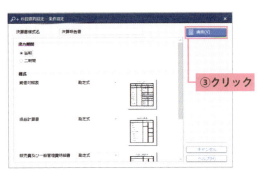

④ 「科目要約設定」画面の「販売費及び一般管理費明細書」タブの中に、「721 給料手当」と「723 雑給」があることを確認します。

⑤ 勘定科目「721 給料手当」に対応する、要約科目欄を「721 給料等」に変更します。

⑥同様に、勘定科目「723 雑給」に対応する要約科目欄のコードを「721」に変更すると、自動的に要約科目欄が「721 給料等」に変更されます。

⑦【決算報告書】メニューでプレビューで確認すると、「723 雑給」の印字が消えて、合算金額が「721 給料等」に表示されていることが分かります。

Chapter4 決算報告書のレイアウトを整える

決算報告書の文字飾りや名称などのレイアウトを変更する

勘定奉行クラウドから出力した決算報告書と、過去の決算報告書のレイアウトを比較していただき、今までのレイアウトに調整したい場合は、【レイアウト設定】メニューで文字飾りやインデントなどを変更することが可能です。

【流動資産】 を　Ⅰ．流動資産　と表示する事例を参考に具体的な手順をご紹介します。

①【財務会計】-【決算処理】-【決算報告書】-【レイアウト設定】メニューを選択します。

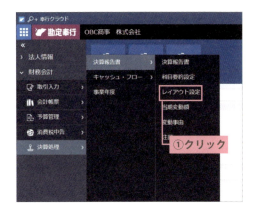

②「レイアウト設定 - 決算書様式選択」画面が起動します。「決算報告書」を選択し、【OK】ボタンをクリックします。

③「レイアウト設定 - 条件設定」画面が起動します。設定が完了したら、【画面(V)】ボタンをクリックします。

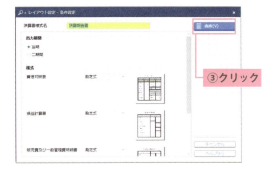

Part 7

183

④「レイアウト設定」画面が起動します。

⑤変更したい科目名を選択します。右図では、【流動資産】を選択しています。

⑥「文字飾り」ボタンをクリックし、文字飾りを変更します。

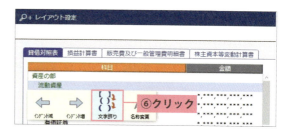

⑦「名称変更」ボタンをクリックし、名称を変更します。

⑧完了したら、【F12 登録】ボタンをクリックします。

Chapter 5 新年度の処理を開始する

新しい年度を開始する場合の処理について解説します。

新年度の仕訳入力を行うタイミング

一般的には決算報告書や消費税申告の作業を行いながら、新年度の仕訳入力作業を同時並行で行う場合がほとんどだと思います。もちろん「勘定奉行クラウド」では、前年度の決算処理が完了しているかは関係なく、簡単に新年度の仕訳入力作業に取り掛かることが可能です。

新年度の仕訳入力を開始する方法

日々仕訳を入力するメニューで新しい年度の伝票日付を入力すると、自動的に新しい年度が始まります。下の画面のように新年度の日付を入力したタイミングでメッセージが表示されます。[OK]ボタンをクリックすることで、自動的に新しい年度が作成され、仕訳の入力ができるようになります。

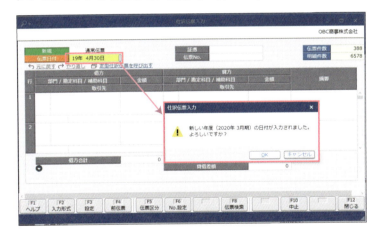

前年度の残高を今年度に繰り越す

前年度の残高は、以下のタイミングで自動的に繰り越されますので、もし新年度の仕訳を入力しはじめた後に、前年度の仕訳を修正したり、追加した場合でも繰り越しを意識する必要はありません。

- ●「勘定奉行クラウド」を起動したタイミング
- ●事業年度を確定したタイミング

Part 7 決算処理

参考　残高の繰り越しが行われたか確認したい場合

残高の繰り越しがいつ行われたか確認することが可能です。
また、早急に繰り越しを行いたい場合は、手動で残高の繰り越しを行うこともできます。

①メイン画面のダッシュボード上にある「事業年度」の中の「事業年度の管理」をクリックします。

②繰り越しが行われた履歴が表示されます。「*System」と表示されているのは、自動で繰り越しが行われたということです。また、手動で行いたい場合は、画面上の事業年度の右にある繰越アイコンを押すことで強制的に繰り越しを行うことができます。

決算が確定したあとに行うこと

ダッシュボード上の「事業年度」の中の「決算を確定する」ボタンをクリックすることで、決算が確定した期の仕訳伝票の内容の追加・修正・削除が行えないように制限をかけることができます。誤入力の防止になりますので、必ず行うようにしましょう。

ここがPOINT♪

決算確定を取り消したい場合

もし「決算を確定する」ボタンをクリックしたあとに、伝票の修正が必要になった場合は、確定を解除することが可能です。

解除の方法
ダッシュボード上の「事業年度」の中の「事業年度の管理」をクリックして表示されてくる【事業年度】メニューの アイコンをクリックすることで、解除することができます。

INDEX
索引

索引

Part1 クラウド会計の特徴

英字

	AIによるデータ解析	009
	API (Application Programming Interface)	009、014、071、073、113、116
	Azure SQL Database (Premium)	010
	Microsoft Azure	010
	OCR用紙への印刷	019、160
	SSL	010
	WAF (Web Application Firewall)	010
	WPF (Windows Presentation Foundation)	010

カ行

	会計事務所との関わり	008
	会計ソフトの進化	008
	外部サービスとの連携	009
	勘定式 (決算報告書)	018
	金融機関との連携	009、014、071、073、113、116
	クラウド会計時代の到来	008
	決算報告書	018、049、172、176、180
	コストダウン	009

サ行

	自動アップデート	012
	自動起票	014
	消費税申告	019、061、154、157、158
	証憑保管アセンブリ	015、045、112
	仕訳機能	013
	仕訳伝票入力	013、087、088
	スキャナ保存制度	015、045、112
	セキュリティシステム	009、031
	選択できるサービス	009
	専門家ライセンス	011、154、155、162
	双方向化	008

タ行

タイムスタンプ	015
ダッシュボード	015、028、034、035、119
帳票間の移動	017
帳票をワンクリックでグラフ化	017
データベースの相互利用	008
定期的な取引の自動起票	014、104
電子申告・電子納税	019、162
電子帳簿保存法	015、045、112
統合業務プラットフォーム	010

ナ行

二期間比較（決算報告書）	018
入出金明細データから自動起票	014、113

ハ行

ビッグデータ分析システム	009
ファイアウォール	010
奉行クイックコマンド	016
奉行クラウド API version	012
奉行シリーズ	010
プログラム自動更新	012
報告式（決算報告書）	018
保守管理の簡易化	009

ラ行

リモートサポート	012
領収書を学習して自動起票	015、110

ワ行

ワンクリックで出力したい	016

索引

Part2 導入準備

英字
	OBCiDを設定する	026

ア行
	アンインストール	027
	インストール	026
	運用開始時期は？	023
	お気に入り	028、033、135

カ行
	勘定奉行クラウド導入の流れ	022、038
	管理者権限	031
	管理ポータル	032、035

サ行
	財務会計の各メニュー	029
	サービス選択	028
	専門家招待メニュー	032

タ行
	タイムスケジュールの参考例	024
	ダッシュボード	015、028、034、035、119
	起票済み仕訳伝票の確認	035
	起票予定	034
	仕訳伝票ロック	035
	ツールバー	028、030
	運用設定メニュー	030
	個人設定	031
	セキュリティ	031
	帳票別プリンタ設定メニュー	030
	汎用データ	030
	ヘルプ	031

動作環境		022
導入計画のイメージ		024
導入処理に必要な資料		025
導入処理の流れ		025、038
導入のタイミング		023
導入の流れ		022、038
登録番号カード		026

ハ行

パスワード設定		026
奉行クラウドを起動するまでの手順書		026
複数で勘定奉行クラウドを使いたい		026、032
並行稼働(パラレルラン)		023
法人情報の各メニュー		029、041

マ行

メイン画面		028

ラ行

ライセンスキー		026
利用者メニュー		032

ワ行

ワンクリック		033、034

Part3【導入時】基本データの登録

英字

	EBソフト	071

ア行

	インターネットバンキング	071、113

カ行

開始残高の登録		077
	期首残高の登録	078
	登録の前に確認すること	077
科目体系		059
	親科目区分（どの科目区分に紐付けるかの設定）	060
	貸方・借方の設定	060
	科目体系帳票設定	060
	基本設定の登録	059
	使用するかしないかの設定	060
	利益科目	060
勘定奉行クラウド導入の流れ		022、038
勘定科目		050、051
	一覧を印刷・出力したい	056
	一括で修正データを受け入れたい	056
	貸方消費税区分	052
	科目区分	051
	借方科目か貸方科目かの選択	051
	借方消費税区分	052
	削除	054
	事業区分	052
	修正	054、055
	消費税自動計算	052
	仕訳伝票での入力の制限	051
	仕訳伝票入力時の便利機能	052
	新規登録	053
	端数処理	052
	複写	054
	メイン画面の構成	050
期中導入		077、079、081
	期中導入の事前設定	079
	期中の発生金額の登録	078

銀行入出金明細データの取り込み		009、071、116
	自動で取得する場合（APIサービス）	009、071、116
	ファイルで受け入れる場合	071
経理業務の設定		044
	会計期間の設定	045
	期首日が月中の場合に、月の表示を設定する	045
	キャッシュフロー計算書の作成方法	049
	決算回数（年1回／年2回／年4回）の設定	049
	決算報告書を税抜表示か税込表示かの設定	045
	構成比の分母となる科目区分の設定	049
	残高を翌事業年度に繰り越す際の設定	049
	自社の決算期の設定	045
	消費税の自動計算の設定	046、047
	製造原価項目	045
	整理仕訳	046
	貸借区分によるマイナス符号	049
	棚卸処理を月次・年次のどちらにするかの設定	045
	電子帳簿保存	045、112
	伝票No.の重複チェック	048
	伝票No.の付番方法（自動付番か手入力か）	048
	伝票入力開始日の設定	045
	何を基準に付番をするかの設定	048
	端数処理の設定	046、047

サ行

自分の会社の情報を設定する		041
消費税申告の設定		019、061、158
	売上税額　積上計算	062
	課税売上割合に準ずる割合	062
	計算方法(原則課税／簡易課税／免税)	062、063
	控除方法	062
	仕入税額　積上計算	062
	主たる事業区分	062
	申告回数の設定	062

索引

証憑保管アセンブリ		015、045、112
税理士関与ページの設定		063

タ行

代入摘要		076
導入の設定状況を確認する		040
導入前実績金額		081
	期首導入時	081
	期中導入時	081
	登録（入力方法）	081
摘要の情報の登録		075
取引銀行		071
	銀行情報の登録	072、114
	法人口座メニュー	071、072
取引先の登録		069
	インデックス	070
	新規登録	069
	取引先検索	070
	取引先コード	070
	取引先ごとに勘定科目の内訳を把握したい	069

ハ行

部門・部門グループの登録		064
	新規登録	065
	部門	064
	部門グループ	064、068
	部門名の変更や追加	066
	部門名を日付別に管理したい	066
	部門をグループとしてまとめる	068
法人情報を確認する		029、041
法人情報の運用設定		042
	印刷/PDF出力時の文字配置	043
	勘定科目などのコード桁数や伝票No.の設定	042
	仕訳伝票の担当者印見出しを設定する	043
	西暦・和暦の選択をする	042
	帳票出力の文字配置を設定する	043
	マスター項目の名称やコード桁数を設定する	042

補助科目		057
	登録	057
	課税取引と非課税取引が混在する勘定科目	058

ラ行

連携金融機関メニュー		009、071、073、113
	金融機関のAPIサービスと連携したい	009、071、073、113、116
	金融機関の入出金明細データを自動取得したい	009、071、073、113

Part4【日々の業務】仕訳伝票の起票

英字

	ANSER 形式	114
	API 連携	009、014、071、073、113、116
	BizSTATION 形式	113、114
	CSV ファイル	120、124
	EB 製品	113
	MoneyLook サービス	113
	OBC 受入形式	121、122

ア行

	インターネットバンキング	071、113

カ行

	キーボード入力の便利機能		093、094、097
		借方（貸方）金額をコピーする	093
		貸借差額をコピーする	093
		"000" を入力する	093
		摘要コード欄に移動	093
		摘要を改行する	093
		画面に表示している伝票だけ、部門を勘定科目ごとに指定する	093
		上段の明細行で入力した内容をコピーする	093
		最上行に移動	094
		全選択	094
		入力している項目の明細行を選択	094
		入力済み明細行の最下行に移動	094
		一つ上の入力済み明細行に移動	094
		一つ下の入力済み明細行に移動	094
		一つ前の操作に戻す	094
		戻した操作を取り消す	094
	行のコピーや削除を簡単に行う		096
	銀行入出金明細入力		113
		起票方法	115
		取引銀行の口座を登録する	114
		ダッシュボードから起票する	119
	金融機関との連携方法		009、071、073、113

サ行

消費税区分ボタン		098
証票保管アセンブリ		015、045、112
仕訳伝票 No. メニュー		128
仕訳伝票データ受入		120
	データ受入形式一覧表	121
	データ受入の手順	122
	独自の形式をしてデータを受け入れる	120
	勘定奉行クラウドで用意されている形式で受け入れる	121
	未受入のデータがあった場合	124
仕訳伝票入力		013、087、088
仕訳伝票のテンプレートを使う		097、129
仕訳伝票のメイン画面の構成		088
	画面モード	089
	整理仕訳	089
	伝票 No.	089
	伝票日付	089
	登録データ件数	089
	明細欄（取引の内容を入力）	089
仕訳伝票の入力方法		090
	仕訳伝票入力メニュー	092
スキャナ保存制度		015、045、112
スポット的に消費税区分を変更したい		098
全銀形式		114

タ行

ダッシュボード		015、028、034、035、119
帳簿入力		87、125
	初期設定以外の内容で固定する	126
	自科目	125、127
帳簿入力の各メニューの特徴		125
	売掛帳入力	125
	買掛帳入力	125
	現金出納帳入力	125
	仕訳帳入力	125
	元帳入力	125、138
	預金出納帳入力	125

索引

定型仕訳伝票		097、129
	登録方法	129
	メニュー	129
定型仕訳と予約仕訳の使い分け		130
電子帳簿保存法の対応		015、045、112
伝票を印刷する		101、137
	印刷形式を変更する	103
	仕訳帳形式(簡易)	102、137
	仕訳帳形式(標準)	102、137
	仕訳伝票形式	102、137
	プリンタの設定を変更する	103
	印刷条件設定	103
伝票を検索する		099
	検索結果が複数あったら	099
	検索結果リスト	099
	検索条件設定画面	099
	伝票検索ボタン	099
伝票を削除する		100
伝票を修正する		100
伝票を複写する		100
取引入力		086
	予約仕訳伝票入力	086、104
	業務連携入力	086
	領収書入力	086、110
	銀行入出金明細入力	086、114
	仕訳伝票データ受入	086、120
取引入力補助		128
	各月ごとに1番から始めたい	128
	仕訳番号の付番を通し番号にしたい	128
	仕訳伝票をパターン登録したい	129

ナ行

入出金明細データの受け入れ法		113
	自動取得	113
	ダウンロードファイルを受け入れる	114
入力したい内容のコードを調べる		095
入力方法の種類		086

ハ行

	反対仕訳の登録を行う	100

マ行

	マウスクリックでの簡単操作	96

ヤ行

	予測候補表示機能	095
	予約仕訳伝票入力	104
	事前準備	105
	取引内容を予約する	105
	仕訳帳メニューで予約する	107
	仕訳伝票入力メニューで予約する	107
	仕訳伝票予約	105、109
	起票予定日	106
	休日回避	106
	入力担当者	106
	予約名	106
	予約仕訳伝票の確認	105
	予約内容を起票する	108
	代入摘要	076、108

ラ行

	領収書入力	015、110
	アップロードできる領収書データ	111
	登録の流れ	111

索引

Part5 会計帳票

ア行

内訳表と集計表の違い	152
お気に入り	028、033、135

カ行

会計帳票の基本操作		133
会計帳票の種類と特徴		132
	○○内訳表	132、147、152
	○○集計表	132、149、152
	合計残高試算表	132、142
	資金繰り表	132
	仕訳帳	132、136
	推移表	132
	対比表	132
	日計表	132
	元帳	125、132、138
会計帳票の便利機能	印刷・Excel・PDF出力	134
	お気に入りに登録	028、033、135
	コマンドのカスタマイズ	134
勘定科目内訳表		147、152
	各メニューの概要	147
	こんなシーンで利用します！	148
	集計する条件を指定する	148
合計残高試算表		132、142
	メニューの概要	142
	こんなシーンで利用します！	142
	作成する	143
	集計する	143
合計残高試算表の印刷		101、146
	印刷条件設定の基本ページ	146
	印刷イメージ	146

サ行

自マスター	139
集計期間	141

集計表		132、149、152
	各メニューの概要	149
	摘要集計表	149
	取引先集計表	149
	部門集計表	149
	補助科目集計表	149、150
条件設定画面		139
諸口の内訳を表示したい		140
	諸口の出力形式	140
仕訳帳		136
	メニューの概要	136
	こんなシーンで利用します！	136
仕訳伝票を一覧形式で集計したい		136
仕訳リストの印刷		101、137
	仕訳帳形式（簡易）	102、137
	仕訳帳形式（標準）	102、137
	仕訳伝票形式	102、137
	本日起票した仕訳伝票（自己入力分）	137

タ行

取引先内訳表	148

ハ行

部門内訳表	148
補助科目内訳表	148

マ行

元帳		125、132、138
	メニューの概要	138
	こんなシーンで利用します！	138
	集計する条件を指定する	139
	日々の登録内容をチェックしたい	138
	元帳をワンクリックで起動する	141
元帳の印刷		101、141
	印刷条件設定の出力ページ	141
	印刷イメージ	141

索引

Part6 消費税申告

英字
	OCR用紙	019、160

ア行
	応用用紙	160

カ行
	確定申告書の提出	154
	科目別課税対象額集計表	157
	科目別消費税区分集計表	157
	科目別課税対象額集計表メニュー	164、165、166
	取引の区分けの妥当性	165
	課税取引の消費税額の妥当性	165
	科目別消費税区分集計表メニュー	167

サ行
	消費税区分明細表	157
	消費税区分明細表メニュー	168、169
	消費税計算書	157
	消費税計算書メニュー	163
	消費税申告書	019、061、157、158
	印刷イメージ	161
	印刷する	158
	印刷できる帳票	160
	内容を確認する	158
	消費税申告書の金額確認フロー	157
	消費税申告の基礎知識	154
	消費税申告の月次のチェックフロー	157
	消費税申告を電子申告する	162
	消費税の集計	155
	仕訳伝票入力	088、157
	税区分	155、156
	税区分が不明な場合は	169
	税理士情報の設定	155
	専門家招待メニュー	155
	専門家ライセンス	011、154、155、162

タ行
	電子申告	019、162

Part7 決算処理

カ行

項目		ページ
勘定奉行クラウドから出力できる決算報告書		172
	株主資本等変動計算書	172、178
	個別注記表	172、179
	製造原価報告書	172、178
	損益計算書	172、178
	貸借対照表	172、178
	販売費及び一般管理費明細書	172、178
科目要約設定		180
決算確定		187
決算確定を解除する		187
決算処理の作業の流れ		172
	決算報告書の印刷・プレビュー	173
	決算報告書のためのレイアウト設定	173
	減価償却費	172
	消費税に関する仕訳	172
	棚卸	172
	注記の登録	173
	変動額の登録	172
	変動事由の登録	172
決算処理の設定		049
決算整理仕訳入力時の便利機能		174
	売上原価（商品や原材料の評価）	174
	貸倒引当金の計上	174
	減価償却費の計上	174
	消費税の計上	174
	整理仕訳	174
	日常仕訳	174、175
	振戻仕訳	174
	日常の仕訳のみを集計する場合	175
決算報告書の印刷イメージ		178
	勘定式	178
	個別注記表	179
	表紙	179
	報告式	178
決算報告書の作成		172、176

索引

決算報告書のレイアウト		173、180
	複数の勘定科目を1つの勘定科目に要約する	173、180
	文字飾りや名称などのレイアウトを変更する	173、183
	レイアウト設定	183

サ行

新年度の処理		185
新年度の仕訳入力		185
	残高の繰り越しが行われたかを確認する	186
	新年度の仕訳入力を開始する方法	185
	前年度の残高を今年度に繰り越す	185

索引

著者：株式会社 TMS エデュケーション

公平な精神と透明性を理念に、"誰にでもやさしく、分かり易い"情報サービスの提供を使命とし、クラウド・サービス、モバイルソリューション・サービス、書籍出版など、各種コンテンツの制作・編集、そして教育を事業の柱としている。
http://www.tms-japan.jp

編集協力：電子出版ラボ

カバーデザイン：合同会社 PAN DESIGN

勘定奉行クラウド
導入・運用ガイドブック

2018年10月10日　初版　第1刷発行

著者：TMS エデュケーション

発行人：宮地実里

発行所：奉行クラウド出版

発売元：星雲社

〒112-0005 東京都文京区水道 1-3-30

電話：03-3868-3275（受注専用）

http://bugyocloud-pub.jp/top（お問い合わせ専用ページ）

印刷・製本：図書印刷株式会社

※本書の無断転載およびコピーを厳禁します
※定価はカバーに表示してあります
※万一、落丁・乱丁などの不良品がありましたら株式会社泰文堂までお送りください。送料小社負担にてお取り替えいたします

©TMS エデュケーション 2018　Printed in Japan ISBN 978-434-25293-8　C2034